Antje Roggenkamp, Verena M. Hartung

Theologisieren mit eigenen Gottesbildern

Bibel – Schule – Leben

begründet von

Prof. Dr. Herbert Ulonska (Münster)
Dr. Anke Pfeifer (Hamm)
Prof. Dr. Dr. Herbert Stettberger (Heidelberg)

herausgegeben von

Prof. Dr. Britta Konz (Dortmund)
Prof. Dr. Antje Roggenkamp (Münster)
Prof. Dr. Hanna Roose (Bochum)

Band 11

LIT

Antje Roggenkamp, Verena M. Hartung

Theologisieren mit eigenen Gottesbildern

Brüche und Spannungen in Gottesdarstellungen
von Kindern und Jugendlichen

LIT

Umschlagbild:
Kinder und Jugendliche aus einer Realschule im Münsterland

Der Evangelischen Kirche in Deutschland schulden wir Dank
für finanzielle Unterstützung.

Gedruckt auf alterungsbeständigem Werkdruckpapier entsprechend
ANSI Z3948   DIN ISO 9706

Bibliografische Information der Deutschen Nationalbibliothek
Die Deutsche Nationalbibliothek verzeichnet diese Publikation in der
Deutschen Nationalbibliografie; detaillierte bibliografische Daten sind
im Internet über http://dnb.dnb.de abrufbar.

ISBN 978-3-643-14537-6 (br.)
ISBN 978-3-643-34537-0 (PDF)

© LIT VERLAG Dr. W. Hopf Berlin 2020
Verlagskontakt:
Fresnostr. 2   D-48159 Münster
Tel. +49 (0) 2 51-62 03 20
E-Mail: lit@lit-verlag.de   http://www.lit-verlag.de

Auslieferung:
Deutschland: LIT Verlag, Fresnostr. 2, D-48159 Münster
Tel. +49 (0) 2 51-620 32 22, E-Mail: vertrieb@lit-verlag.de
E-Books sind erhältlich unter www.litwebshop.de

Inhalt

1. Einleitung

„Die Kunst gibt nicht das Sichtbare wieder, sondern macht sichtbar."[1]
Paul Klees berühmtes Diktum aus den schöpferischen Konfessionen
von 1920 weist darauf hin, dass Kunst im weitesten Sinne nicht an einer
photographischen Wirklichkeit interessiert ist oder sich um die Darstellung von Natur und Schöpfung bemüht, sondern aufzeigt, was der
Künstler oder die Künstlerin hinter den Dingen erkennt. Damit ist weniger ein kognitiver Vorgang gemeint als auf eine Haltung hingewiesen,
die sich um eine spezifische Entbergung des Nicht-Sichtbaren – etwa in
Farben und Formen – bemüht. Vorliegende Studie macht sich diesen
Ansatz zunutze, wenn sie der Frage nachgeht, inwiefern Kinder und Jugendliche in, mit und durch eigene Gottesbilder theologisieren.

Bereits im Jahr 1994 schlug EKD auf der 5. Tagung der 8. Synode in
Halle vor, Kinder als „selbstständige religiöse Entdecker und eigene
kleine Theologen"[2] anzusehen. Damit war nichts weniger intendiert als
ein Perspektivenwechsel von der Erwachsenen- hin zur Kinderperspek-
tive.[3] Die Erwachsenen haben zu lernen. Kindern ist nach Ausweis des
Synodenworts zuzutrauen, dass sie „durch ihren Glauben, ihre Phanta-
sie, ihre Offenheit und Spontanität in den Gemeinden positive Verän-
derungsprozesse"[4] auslösen. Inwiefern das geschieht oder geschehen
könnte, war in der Mitte der 1990er Jahre allenfalls in Ansätzen erforscht. Das Thema wurde in den folgenden Jahrzehnten auf verschiedenen kirchlichen, aber auch bildungsbezogen gesellschaftlichen Ebenen vorangetrieben.

Die grundlegende Veränderung im Umgang mit Kindern, die sich da-
mals auf der Ebene der kirchlichen Gremien abzeichnete, wäre ohne die
etwa zeitgleich entstehende Kindertheologie nicht denkbar gewesen.
Von Anbeginn an gab es einen breiten (Diskussions-) Raum, in dem
sich die kirchliche Sensibilisierung mit einer Perspektive verschränkte,
die Kinder und Jugendliche[5] als Subjekte theologischen Nachdenkens

---

[1] http://zitate.woxikon.de/autoren/paul-klee [Abruf: 17.09.2018].
[2] Vgl. Synode der EKD 1995, 70.
[3] Vgl. Schweitzer 2003, 9.
[4] Vgl. Synode der EKD 1995, 74–75.
[5] Zur Erklärung der etwas später einsetzenden Jugendtheologie wird ebenfalls
auf das Synodenwort zurückgegriffen. Vgl. Schlag/Schweitzer 2011, 53.

4

wahrnahm.[6] Die Erforschung der spezifischen Zusammenhänge blieb dem universitären Kontext vorbehalten. In Heidelberg, Dortmund, Kassel, Lüneburg und Siegen wurden Settings und Strategien für das Grundanliegen der Kindertheologie entwickelt: Reaktionen auf die von der Synode skizzierte Problemlage erfolgten in Form verschiedener Studien, die sich der Frage nach Entwicklung, Unterstützung und Begleitung der Kinder und Jugendlichen widmeten. Im Fokus stehen „eigene Gedanken und Vorstellungen zu theologischen Fragen".[7]

Die Geschichte der *Kinder- und Jugendtheologie* beginnt zeitlich etwas vor dem einschlägigen Synodenwort von 1994. Ausführungen und Unterscheidungen von Anton A. Bucher und Friedrich Schweitzer gehören zu ihren wirkmächtigen Perspektiven. Die Verschränkung verschiedener Ebenen in Gestalt einer *Theologie für, von und mit Kindern* bzw. *Jugendlichen* hat sich als didaktisch-normatives, aber auch als wissenschaftlich-beschreibendes Grundmodell durchgesetzt.[8] Während eine Theologie für Kinder überwiegend von theologisch gebildeten Erwachsenen ausgearbeitet wird, orientiert sich eine Theologie von Kindern an deren Vorstellungen zu kleinen und großen Fragen an Gott, an die Menschen und an die Welt. Eine besondere Rolle spielt die Theologie mit Kindern, die sich zumeist in diskursiv-verbaler Gestalt vollzieht. Sie bezieht am konsequentesten eine partizipative Perspektive von Kindern und Jugendlichen mit ein. Auch wenn im Einzelnen umstritten ist, was der Ausdruck konkret bezeichnet, so scheint der kleinste gemeinsame Nenner in der Grundüberzeugung zu bestehen, dass es beim Umgang von Kindern und Jugendlichen mit Theologie um eine aktive Aneignung von religiösen Gehalten und Denkprozessen geht, die weniger zu lernen oder zu rezipieren als vielmehr aktiv zu thematisieren sind.[9]

Verschiedene Überlegungen sind von hier aus angeregt worden. Mirjam Zimmermann plädiert für einen differenzierten Zugriff auf Theologie: Theologie gilt seit der Aufklärung als Versuch, die Praxis des ge-

---

[6] Eine direkte Umsetzung der synodalen Vorschläge ist vor allem für die Arbeit in den Gemeinden dokumentiert. Vgl. Spenn/Brandt/Corsa 2005, 12.
[7] Freudenberger-Lötz/Reiß 2009, 264; Reiß/Freudenberger 2012, 133. Vgl. auch Freudenberger-Lötz 2007; Zimmermann 2012;
[8] Bucher 1992, 19–22; Schweitzer 2003, 9–18.
[9] Bucher 1992, 22.

lebten Glaubens mit der Formensprache der gelehrten Theologie zu verschränken. Sie setzt zum einen einen individuellen Glauben voraus und bringt sich damit als eine Funktion des Glaubens ins Gespräch. Sie stößt zum anderen einen Verstehensprozeß an, der seinerseits Theologie als reflektierte Form des Glaubens hervorbringt.[10] Gegenstand der Theologie ist Gott. Die Menschen entwickeln die Lehre von Gott als Rede über ihn. Da sie aber von sich aus vom Inhalt dieser Rede nichts wissen können, erschließt sich Gott den Menschen durch seine Geschichte mit ihnen oder in einer konkreten Situation.[11]

Die *Kindertheologie* erweist sich – auch in narrativer Gestalt – als Nach-Denken über den Glauben. Jede Reflexion des Glaubens hat sich vor dem Forum allgemeiner Kommunikation zu verantworten. Theologie ist dabei an die Entwicklung von biblischen Maßstäben gebunden sowie an die Auseinandersetzung mit konkurrierenden Positionen. Die biblischen Maßstäbe eröffnen die Möglichkeit, Kriterien guter und schlechter Theologie sowie ggf. „falscher" Theologie auszubilden.[12]

Friedrich Schweitzer und Thomas Schlag haben mit Blick auf die *Jugendtheologie* vorgeschlagen, verschiedene Ausprägungen von Theologie zu unterscheiden: implizite, persönliche, explizite, die Ebene theologischer Deutungen sowie dezidiert theologischer Argumentationen.[13] Dabei setzen sie voraus, dass die meisten Jugendlichen in diesem Lebensalter über eine eigene Theologie verfügen – oder grundsätzlich verfügen könnten. Es ist eine Frage der Bildungsgerechtigkeit, allen Jugendlichen die Möglichkeit eines Theologietreibens zu eröffnen.[14]

Die Kinder- und Jugendtheologie reiht sich in den Mainstream der (deutschen) Religionspädagogik ein, der das Kriterium der Theologizität an einen differenzierten Kommunikationsbegriff koppelt. Theologizität wird fassbar als Glaubenskommunikation, als Erschließung der

---

[10] Zimmermann 2012, 60f.
[11] Zimmermann 2012, 61ff
[12] Zimmermann 2012, 63–68, 131–164. Die einzelnen Kompetenzen lehnen sich u.a. an das Philosophieren mit Kindern an. Vgl. Schlag/Schweitzer 2011, 36 f.
[13] Schlag/Schweitzer 2011, 50–60, 179.
[14] Schlag/Schweitzer 2011, 181.

Glaubenskommunikation sowie als Reflexion der Glaubenskommunikation.[15]

Die Verfasserinnen gehen davon aus, dass das *Theologisieren* ein kommunikativer Vorgang ist, der sich im Diskurs als Reflexion über Inhalte des christlichen Glaubens sowie über deren jeweilige Funktion für die zwischenmenschlichen Beziehungen vollzieht. Im Rahmen dieser doppelseitigen Kommunikation kann sich das Theologisieren auch zeichnerisch-vorsprachlich artikulieren. Kinder- und Jugendtheologie reduziert sich also nicht auf ein rein kognitives Geschehen. Dieses Verständnis von Theologisieren greift spezifische Zugänge zu Kinder- und Jugendtheologie auf.

Bei der Kinder- und Jugendtheologie handelt es sich um einen *religionspädagogischen* Perspektivenwechsel. Kinder und Jugendliche werden sowohl in der Kinder- als auch in der Jugendtheologie als gleichberechtigte Akteure gesehen. Dabei geht es allerdings weniger um die Frage, ob Kinder (und Jugendliche) als „eigene kleine Theologen"[16] zu betrachten sind. Sie werden vielmehr als „kompetente Gesprächspartner*innen"[17] angesprochen. Die Beziehung zwischen den Akteuren untereinander wird als symmetrische postuliert. Dies entspricht der spezifischen Struktur ihrer religiösen Denkbewegungen. Da Kinder und Jugendliche nicht selten über eigene Ansichten verfügen, ohne diese allerdings artikulieren zu können, sind sie darin zu unterstützen, ihre eigenen Vorstellungen wahrzunehmen, zu artikulieren und gegenüber Dritten zu vertreten.[18]

Richtet man den Blick auf den Lernort Schule, so stellt sich der Umgang mit der Kinder- und Jugendtheologie noch einmal komplexer dar. Zwei grundsätzliche *Problemanzeigen* begleiten ihre Entwicklung von Anfang an. Zum einen handelt es sich um das Problem der *Asymmetrie* im

---

[15] Simojoki 2017, 61. Dabei ist zu überlegen, ob die Theologizität nicht ihrerseits in Form des Dreischritts „für, von und mit" vorliegt. In jedem Fall hebt sich das Theologisieren von sog. Alltagsdogmatiken ab. Vgl. dazu Steck 2005; Weyel 2008.
[16] EKD 1995, 70.
[17] Vgl. Freudenberger-Lötz/Reiß 2009, 252.
[18] Auf Seiten der Lehrkraft entspricht dieser Auffassung die Rolle als stimulierende Gesprächspartnerin, begleitende Expertin und aufmerksame Beobachterin. Vgl. Reiß/Freudenberger-Lötz 2012, 138.

Lernvorgang, das sich auf die Beziehung zwischen Lehrkraft und Lernendem fokussiert. Am Lernort Schule herrschen strukturelle Rahmenbedingungen, denen sich der Religionsunterricht nicht oder jedenfalls nicht vollständig entziehen kann. Dieses Problem kann möglicherweise umgangen werden, wenn sich die Lehrkraft ihren Schüler*innen in einem gleichberechtigten Dialog als fragender, zweifelnder und gläubiger Mensch präsentiert. Dass ihr deutlich höheres Wissen bzw. ein entsprechender Vorrat, aus dem sie schöpfen kann, zum Gelingen der Kommunikation nicht unerheblich beiträgt, muss dieser veränderten Betrachtung der Lehrkraft nicht entgegenstehen.[19]

Zum anderen steht das *Theologisieren* selbst in der Kritik. Es gilt als komplex und einseitig kognitiv ausgerichtet. Zugleich setzt es Wissen voraus, dass sich möglicherweise noch nicht als Orientierungswissen ausgebildet hat. Wenn den Schüler*innen eine selbstreflexive Form des Denkens über religiöses Denken zugetraut wird, so scheint eine Dimension eingefordert, die nicht in jedem Fall eingeholt werden kann. Die mangelnde Unterscheidung von Gottvertrauen, d.h. Glauben, und Theologie werde nicht hinreichend kommuniziert: Es liege ein Kategorienfehler vor.[20] Die Theologie muss Sache der Religionslehrkräfte bleiben. Wenn es allerdings Ziel des Religionsunterrichts ist, Kinder und Jugendliche instand zu setzen, nicht als theologische Experten, sondern als informierte Laien mit Experten über theologische Fragen zu kommunizieren,[21] dann dürfte zumindest der Vorwurf des Kategorienfehlers weniger gewichtig sein.

Mirjam Zimmermann hat wiederholt auf die Bedeutung kindertheologischer Kompetenz verwiesen. Diese Kompetenz besteht in der empirisch nachweisbaren Fähigkeit von Kindern, *Problemkomplexe* zu verarbeiten, die aus verschiedenen theologischen Domänen stammen – wie etwa der Christologie, der Gottesfrage, aber auch der Frage nach dem Heiligen Geist. Kindertheologie begegnet in klassischen Formen – u.a. als Offenbarungs- und Antwort-, Laientheologie.[22] Demgegenüber legen die ihrem eigenen Selbstverständnis nach *subjektorientierten* Religionspädagoginnen Petra Freudenberger-Lötz und Annike Reiß einen

[19] Vgl. Freudenberger-Lötz/Reiß 2009, 252–253.
[20] Dressler 2019, 237–240.
[21] Dressler 2019, 61 f, 183.
[22] Zimmermann 2012, 131–164, 163.

Schwerpunkt auf den Umgang mit religiösen Vorstellungen, deren gedankliche Durchdringung und Weiterentwicklung. Sie grenzen ihre Vorstellung von Theologie gegenüber spirituellen Formen ausdrücklich ab und sie orientieren sich an theologischen Deutungen, die von den Kindern und Jugendlichen selbst hervorgebracht werden. Ihr Verständnis von Kinder- und Jugendtheologie fokussiert die Handlungsorientierung und zeigt die Bedeutung von Prozessen des Wahrnehmens, Dialogisierens und Differenzierens für eine Professionalisierung von Kinder- und Jugendtheolog*innen auf.[23]

Die Ansätze unterscheiden sich nicht nur durch eine stärker gegenstands- bzw. akteursorientierte Perspektive, sondern auch hinsichtlich der Frage, wie eigentlich Theologie zu definieren ist. Liegt der Fokus tendenziell auf dem Wesen des Glaubens im Sinne einer Beschreibung des Umgangs mit theologischen Vorstellungen oder akzentuiert man die Erscheinung des Glaubens im Sinne einer aktiven Bezugnahme auf distinkte religiöse Vorstellungen?[24]

Vorliegende Studie unternimmt den Versuch, mit Blick auf ein Theologisieren mit Gottesbildern und -vorstellungen einen Weg einzuschlagen, der sowohl die Frage nach dem Wesen Gottes (als dem Spezifikum christlicher Gottesvorstellung) als auch nach den Erscheinungsformen des Glaubens im Sinne subjektiver Zugänge thematisieren kann.[25] Dies impliziert zugleich, dass mit der Möglichkeit von Alternativen jenseits der Frage nach Wesen und Erscheinungsformen Gottes zu rechnen ist. Die Verfasserinnen setzen voraus, dass die Verarbeitung von theologischen Vorstellungen ebenso zur Sprache kommt wie der komplexe Umgang mit eigenen religiösen Zugängen. Dass sich dieses Fragen auch außerhalb eines christlichen Kontexts ereignen kann, ist nicht ausgeschlossen.

Gegenstand der Arbeit sind Gottesbilder von Sechst- und Zehntklässlern. Die Auswahl der Jahrgangsstufen orientiert sich an den entwick-

---

[23] Reiß/Freudenberger-Lötz 2012, 133–145.
[24] Dieser Vorschlag greift frühe Verweise auf die Unterscheidung von expliziter und impliziter Theologe auf. Schlag/Schweitzer, 2011, 33f.
[25] Sie schließt sich dabei an grundsätzliche Ausführungen von Wilfried Härle an. Vgl. Härle 2018, 47–49.

lungspsychologischen Etappen von Kindheit und Jugend. Sie berücksichtigt aber auch bisherige Forschungen, um ihre Ergebnisse vergleichbar zu halten.[26]

Gottesbilder von Kindern und Jugendlichen weisen eine eigene, zumeist zeichenhafte Sprache auf. Sie stellen religiöse Symbole, Elemente aus der Natur oder aus der Schöpfung dar und zeigen diese als Abbild oder Variante einer ursprünglich idealtypischen Form. In der religionspädagogischen Entwicklungsforschung hat sich für dieses Phänomen der Ausdruck „positive Gottesbilder"[27] durchgesetzt. Wie Abweichungen von diesem Befund zu erklären sind, bedarf einer dringenden Untersuchung.[28] Im Folgenden stehen nicht die positiven, sondern jene Gottesbilder im Zentrum, deren Konnotationen auf den ersten Blick irritieren.[29] Unsere Studie sucht Antworten auf die Frage, wie mögliche Abweichungen zu interpretieren sind.[30] Mit Hilfe empirischer Methoden werden Ebenen erschlossen, die hinter dem eigentlichen Sichtbaren liegen. Insbesondere die dokumentarischen Methoden der Bild- und Textinterpretation erlauben, subkutane Strukturen offen zu legen und latente Einstellungen oder anders Gemeintes zur Sprache zu bringen.

Die spezifische Gestaltung dieser Gottesbilder sowie ihr Gebrauch werden in eine Beziehung zu unterschiedlichen Formen des Umgangs mit im- und explizitem Theologisieren gebracht. Die methodisch kontrollierte Analyse der verschiedenen Funktionen des Umgangs mit klassischen Themen der Theologie kann dazu beitragen, nicht nur „kognitive Klarheit und emotionale Sicherheit"[31] zu thematisieren, sondern auch

---

[26] Die Gottesfrage wird im schulischen Kontext insbesondere in den Jahrgangsstufen 5/6 sowie 9/10 erörtert. Vgl. dazu Maull 2017, 16 f, 80, 87 sowie insgesamt Kap. 2.

[27] Maull 2017, 150.

[28] Freudenberger-Lötz 2017, 691.

[29] Vgl. auch Maull 2017, 97, 105.

[30] Die Frage, was dort geschieht, wo eine im persönlichen Gottesbild offenkundig existente, da gezeichnete religiöse Vorstellung sprachlich nicht oder allenfalls höchst spannungsvoll eingeholt ist, wird zu erörtern sein. Vgl. Maull 2017, 163 f.

[31] Vgl. Freudenberger-Lötz/Reiß 2009, 253.

einen „bewussten Umgang mit der Gottesfrage"[32] zu reflektieren. Ob und inwiefern allerdings durch den Umgang mit irritierenden Gottesbildern in jedem Fall ein Theologisieren gefördert wird, können erst spätere Wirksamkeitsstudien zeigen. Die Frage wird aus forschungspragmatischen Gründen ausgeklammert.[33]

Insgesamt hegen wir die Erwartung, dass sich die Frage nach möglichen *Formen des Theologisierens* präzisieren lässt. Wenn es das Ziel des Theologisierens ist, Kindern und Jugendlichen einen eigenen Standpunkt zu religiösen Grundfragen zu ermöglichen, dann könnte dies durch den konkreten Umgang mit irritierenden Gottesbildern gefördert werden.

Vor diesem Hintergrund steht schließlich nicht das Synodenwort, sondern die Frage im Zentrum, was sich für angehende Lehrkräfte aus dem Umgang bzw. aus der empirischen Beschäftigung mit Gottesbildern gewinnen lässt: Inwieweit zeigen Spannungen und Brüche, dass Schüler*innen zu eigenen Urteilen gelangen? Welche Möglichkeiten eröffnen sich, um Prozesse des Theologisierens zu unterstützen?

Unsere Studie enthält drei Hauptteile: Der *erste Abschnitt* (Kap. 2.) führt in Forschungsstand und theoretischen Hintergrund vergleichbarer Studien über Gottesbilder von Kindern und Jugendlichen ein, beschreibt das Design (Vorgehensweise und konkreter Aufbau) der Studie und erläutert die Vorgehensweise der dokumentarischen Methode auf der Ebene von Text- und Bildinterpretation.[34] Ein *zweiter Teil* (Kap. 3.) wendet die dokumentarische Methode in Einzelfallanalysen auf die ir-

---

[32] Vgl. Freudenberger-Lötz/Reiß 2009, 264. Die Erarbeitung eines eigenen Standpunkts verhilft den Kindern und Jugendlichen dazu, eine Auseinandersetzung mit den sogenannten Einbruchsstellen sowie offenen, bisweilen quälenden Fragen, die sich auf das eigene Gottesverständnis beziehen, in der eigenen religiösen Entwicklung zu betreiben.

[33] Die der Entwicklung von positiven Gottesbildern gewidmeten, verlaufsorientierten Ergebnisse der Studie von Maull sind diesbezüglich ernüchternd. Vgl. Maull 2017, 112–144.

[34] Da eine Vorstudie im Rahmen des Praxissemesters gezeigt hatte, dass eine beschreibende Darstellung des Phänomens zumindest nicht zu unterrichtsrelevanten Erkenntnissen führt, schien es angezeigt, neue Strategien anzuwenden. In diesem Fall implizierte dies den Rückgriff auf empirische Methoden.

ritierenden Gottesbilder an und erarbeitet spezifische Gottesbilder sowie Gottesvorstellungen aus dem Vergleich. Der *dritte Abschnitt* (Kap.
4.) betrachtet insbesondere die Gottesvorstellungen unter klassifizie-
renden und typisierenden Aspekten und fragt nach der Bedeutung von
Inhalt und Funktion klassischer Themen für eine Vertiefung des Umgangs mit den irritierenden Gottesbildern. Es geht nicht um konkretes
Theologisieren, sondern um die Passförmigkeit von empirischen Befunden, d.h. einer impliziten Theologie, und deren mögliche Adaption
durch Positionen von Vertreter*innen klassischer Theologie, d.h. einer
expliziten Theologie. Ein abschließendes Fazit (Kap. 5) bündelt unter
den Schlagworten Gottesbilder, empirische Methoden, Theologisieren
und forschendem Lernen die Ergebnisse der Studie sowie weiterfüh-
rende Überlegungen.

2. Forschungsstand, theoretischer Hintergrund, Methodologie, Design und Durchführung der Studie

In den letzten Jahrzehnten befassten sich verschiedene Untersuchungen mit der Thematik des Gottesbildes. Ein kurzer Überblick über die Geschichte der Erforschung der zeichnerischen Entwicklung des Gottesbildes führt in die religionspädagogischen Problemstellungen ein. Dabei interessiert insbesondere das Erkenntnisinteresse der jeweiligen Forscher*innen.

Bereits 1944 entwickelte *Ernest Harms* einen Ansatz, der sich mit der religiösen Entwicklung von Gottesdarstellungen der Kinder und Jugendlichen aus psychologischer Perspektive auseinandersetzte. In Abgrenzung zur bisherigen Erforschung der Gottesbilder von Kindern und Jugendlichen, die überwiegend verschriftlichte Dokumente analysierte, entschied sich Harms für eine Methode, die zu diesem Zeitpunkt neuartig war: Die an der Studie teilnehmenden Kinder und Jugendlichen hielten ihre Vorstellung von Gott zunächst malerisch fest; anschließend wurden diese Bilder miteinander verglichen.[14]

Harms ordnete die Bilder der Kinder und Jugendlichen nach kategorialen Gemeinsamkeiten und entdeckte drei Stufen, die er jeweils einem Alterssegment zuwies: Demnach zeigten die Gottesvorstellungen der drei- bis sechsjährigen Probanden *märchenhafte Charaktereigenschaften*, so dass er diese Stufe die Märchenstufe nannte.[35] Im Schulalter wiesen die Bilder der Kinder eine Zunahme von realistischen Gottesvorstellungen auf, so dass Harms von der *Stufe des Realismus* sprechen konnte. Die Jugendlichen setzten ihre sehr individuellen Gottesvorstellungen malerisch um. Harms bezeichnete diese Phase als *Stufe des Individualismus*. Aufgrund seiner Untersuchungsergebnisse überlegte Harms, dass der (Religions-) Pädagogik ein höherer Stellenwert gegenüber psychologischen Überlegungen zukommen müsse. Darüber hinaus regte er an, die individuellen Bedürfnisse von Kindern und Jugendlichen anzuerkennen und in die religionspädagogische Arbeit miteinzubeziehen.[36] Dies lag bis dahin außerhalb des Forschungsinteresses der Community.

---

[35] Vgl. Harms 1944, 115ff. Vgl. auch Maull 2017, 18–20.
[36] Ebd.

Die erste Studie im deutschsprachigen Raum zum Thema Entwicklung des Gottesbildes von Kindern und Jugendlichen wurde 1980 von *Hermann Siegenthaler* durchgeführt. Siegenthaler untersuchte 350 Bilder von Kindern und Jugendlichen auf die psychologische Bedeutung religiöser Erfahrungen hin. Als erster Forscher unterschied er zwischen menschlichen und symbolischen Darstellungen in Gottesbildern. In seiner Studie legte er Wert auf den Nachweis, dass Kinder und Jugendliche über ein Gottesbild verfügen, das sie zeichnerisch festhalten.[37] Er wies auch nach, dass sich diese Gottesbilder in der persönlichen Entwicklung verändern können. Siegenthaler benennt fünf Phasen der religiösen Entwicklung, die er chronologisch mit aufsteigendem Alter beschreibt: Im Alter von 5 - 8 Jahren erscheint Gott als Schöpfer, im Himmel ortsgebunden sowie als Beschützer, zwischen 8 und 9 Jahren treten gelegentlich der Natur entnommene Symbole hinzu. Zwischen 10 und 12 Jahren wird Gott ausschließlich in Menschengestalt, jedoch in unterschiedlichen Formen dargestellt, im Alter von 13 Jahren wird eine abstrakte Symbolik bevorzugt. Die spätere Adoleszenz erkennt Gott als ordnende Macht.[38]

Weitere wichtige Untersuchungen, die sich mit dem Gottesbild von Kindern und Jugendlichen befassen, liegen u.a. mit der quantitativen Studie von Anton A. Bucher aus dem Jahr 1994 vor. Er befasst sich mit der Gottesvorstellung von 343 Kindern zwischen sieben und zwölf Jahren. Die Bilder werden auf anthropomorphe, symbolische sowie alters- und geschlechtsspezifische Aspekte hin untersucht.[39] Buchers Absicht war es, das intuitive theologische Wissen der Kinder und Jugendlichen in der Praxis genauer zu erfassen, denn es schien ihm, dass die Religionspädagogik theologische Elemente nicht hinreichend beachte oder würdige.[40] Als vielleicht wichtigstes Ergebnis seiner Studie kann festgehalten werden, dass 87% der gemalten Bilder Gott als anthropomorphes Wesen zeigen, diese Zahl aber mit zunehmendem Alter der Befragten zurückgeht.[41] Und auch in geschlechtsspezifischer Hinsicht ermittelt seine Studie Wegweisendes: Gott wurde in immerhin 18 % aller

[37] Vgl. Siegenthaler 1980, 6.
[38] Vgl. Siegenthaler 1980, 7. Vgl. Maull 2017, 20–22.
[39] Bucher 1994, 81ff. Vgl. Maull 2017, 22–26.
[40] Vgl. Bucher 1994, 81.
[41] Vgl. Bucher 1994, 83.

Darstellungen mit weiblichen Attributen oder weiblich gezeichnet, die Malerinnen waren in allen Fällen Mädchen. Demgegenüber malten 64% aller Jungen Gott mit Hosen.[42] Aufgrund des Befundes, dass etliche der anthropomorphen Zeichnungen auf Jesus verweisen sowie den Himmel oder Elemente der Natur darstellen, fordert er eine stärkere Befassung mit theologischen Aussagen der Gottesvorstellungen.

Instruktive Erkenntnisse bietet auch Helmut Hanischs Studie „Die zeichnerische Entwicklung des Gottesbildes" aus dem Jahr 1996. Er analysierte insgesamt 2658 Bilder von 7-16-jährigen Schüler*innen und initiierte die bislang umfänglichste Studie zu Gottesbildern bei Kindern und Jugendlichen.[43] Die Untersuchung wurde in sehr unterschiedlich geprägten Regionen durchgeführt. Zum einen ging es um einen noch stark religiös geprägten, süddeutschen Kirchenbezirk, zum anderen um einzelne Städte in der ehemaligen DDR, die durch die atheistischen Erziehungsvorstellungen des früheren politischen Regimes geprägt waren.[44] Hanisch verfolgte mit seiner Studie das Ziel, Gottesvorstellungen von Kindern und Jugendlichen aus den alten und neuen Bundesländern zu vergleichen. Er interessierte sich für Differenzen in den religiösen Entwicklungen der Gottesvorstellungen und warf die Frage nach möglichen Unterschieden zwischen religiös sozialisierten und nicht-religiös erzogenen Kindern und Jugendlichen auf. Im Fokus standen die Nachwirkungen der ehemals unterschiedlichen politischen Systeme in Ost und West.[45]

Folgende Ergebnisse erbrachte die Studie, die auch für die Frage nach den Gottesbildern nicht ohne Relevanz sind: Im süddeutschen, tendenziell religiös geprägten Kirchenbezirk Heidenheim zeichneten mehr als 50 % der Probanden Gott als anthropomorphes Wesen, meist im Himmel ansässig und als ältere Gestalt. 41% der Beteiligten ließen symbolische Gottesvorstellungen erkennen. Aufgrund einer genaueren Analyse der Bilder führte Hanisch aus, dass sich die religiöse Entwicklung des Gottesbildes sprunghaft vollzieht: insbesondere das 13. Lebensjahr verzeichnet eine tiefgreifende Zäsur. Anschließend erhöht sich die An-

---

[42] Vgl. Bucher 1994, 84.
[43] Vgl. Hanisch 1996, 13, 30.
[44] Vgl. Hanisch 1996, 109.
[45] Ebd.

zahl der symbolischen Gottesbilder erheblich, wobei vor allem Mädchen zu symbolischen Darstellungen von Gott neigen.[46] Das Gottesbild wird insgesamt als positiv beschrieben. In den nicht religiös sozialisierten Gebieten malte die Mehrheit der Kinder und Jugendlichen Gott als anthropomorphes Wesen (87,5%); dieser Zugang wurde allerdings mit zunehmendem Alter kritisch hinterfragt.[47] Gott wird in diesen Darstellungen weniger positiv dargestellt als vielmehr als märchenhaft distanziert oder als schwach gezeigt.[48]

Hanischs Studie bestätigt seine Ausgangsüberlegung, dass die religiöse Erziehung für die Entwicklung des Gottesbildes von erheblicher Bedeutung ist. Dies kommt u.a. darin zum Ausdruck, dass sich in den ostdeutschen Darstellungen eine erheblich größere Anzahl anthropomorpher Gottesdarstellungen findet, die mit zunehmendem Alter negativ konnotiert werden. Demgegenüber kommt es dort zu symbolischen Darstellungen von Gott, wo ein religiöses Interesse in eine thematische Beschäftigung mit der Gottesfrage übergeht.[49]

In dem religionspsychologischen Modell „Die Stufen des religiösen Urteils" nach Fritz Oser und Paul Gmünder wird insbesondere die Entwicklung des Gottesbildes thematisiert. [50] Die Autoren der Studie entwickelten 1996 auf der Grundlage von mehreren tausend Interviews zu religiösen Dilemmata ein fünfstufiges Modell, das die Beziehung zu Gott in Situationen der Kontingenz profiliert. [51] Oser und Gmünder wei-

---

[46] Hanisch 1996, 74–75. Vgl. Maull 2017, 26–30.
[47] Vgl. Hanisch 1996, 183 ff.
[48] Vgl. Hanisch 1996, 143 und 201.
[49] Vgl. Hanisch 1996, 228.
[50] Vgl. Oser/Bucher 2002, 943.
[51] Die einzelnen Stufen seien nur kurz aufgerufen: 1) Perspektive des „Deus ex machina". Alles wird von „externalen Kräften" geleitet, der Mensch verhält sich reaktiv gegenüber den eingreifenden Mächten; 2) Perspektive des „Do ut des"; Gott wird als strafende und belohnende Kraft aufgefasst. Der Mensch kann sein Schicksal durch gute oder böse Taten beeinflussen; 3) Perspektive der „absoluten Autonomie und des Deismus". Externale Kräfte und der Mensch werden als getrennte Wesen betrachtet, der Mensch handelt als autonomes und selbstbestimmtes Wesen; 4) Perspektive der „religiösen Autonomie und des Heilplanes". Der Mensch übernimmt Verantwortung für sein Handeln

sen auf eine schrittweise und diskontinuierliche Entwicklung des Gottesbildes bei Kindern und Jugendlichen hin.[52] Die Stufenfolge steige grundsätzlich mit zunehmendem Lebensalter. Allerdings verharre die Mehrheit der Erwachsenen auf der Stufe drei, die Stufe vier werde nur in den wenigstens Fällen erreicht, die Stufe fünf lasse sich empirisch nicht nachweisen. Sie ist hypothetisch erschlossen.[53]

Das Stufenmodell von Oser und Gmünder wurde in der Folgezeit kritisch diskutiert. Die Fokussierung auf das kognitive Urteil lasse wichtige Aspekte des Menschseins unberücksichtigt. Die affektive Seite oder die Kreativität kommen nicht zur Sprache, spezifische Aspekte von Religion wie die imaginative und symbolische Dimension bleiben unerwähnt. Die Konzentration auf das kognitive Urteil vernachlässigt eine Einbeziehung der individuellen sozialen Situation sowie das Handeln in einer bestimmten Lebenssituation. Ein Raum für Spontanität werde nicht aufgezeigt.[54] Grundsätzlich in Frage gestellt wurde auch der Aufbau des Stufenmodells. Die vorletzte und letzte Stufe sind überwiegend an theoretischen Beispielen konkretisiert.[55]

Neben den überwiegend quantitativ ausgerichteten Untersuchungen, die sich mit individuellen Bedürfnissen, entwicklungspsychologischen Überlegungen, der Bedeutung der theologischen Reflexion für die Religionspädagogik sowie den Auswirkungen von Religionsunterricht auf die Entwicklung des Gottesbildes befassen, thematisieren zwei Monographien das Gottesbild von Mädchen sowie die Entwicklung ausgewählter Gottesvorstellungen von Kindern und Jugendlichen. Da sie für die vorliegende Studie thematisch einschlägig sind, werden sie im Folgenden genauer vorgestellt. Die Ansätze von Stephanie Klein und Ibtissame Yasmine Maull fokussieren sich auf spezifische Fragen und Erkenntnisse im Umgang mit Gottesbildern bei Kindern und Jugendlichen

und reflektiert sein Verhalten in der Hoffnung sich zu einem besseren Menschen zu entwickeln; 5) Perspektive der religiösen „Autonomie durch unbedingte Intersubjektivität". Der Mensch fühlt sich von Gott angenommen und nimmt eine allgemeine Perspektive ein, die mehrere Kulturen und Religionen mit umschließt. Vgl. Oser/Bucher, 2002, 943; Oser/Gmünder, 1996, 81–93.
[52] Vgl. Oser/Gmünder 1996, 75.
[53] Vgl. Oser /Bucher 2002, 944.
[54] Vgl. Büttner/Dieterich 2013, 60–61.
[55] Vgl. Büttner/Dieterich 2013, 61.

und repräsentieren den aktuellen Forschungsstand. Beide wenden qualitative Methoden an. Neben der Forschungsfrage sowie dem Anlass der jeweiligen Studie wird das Design der Untersuchung vorgestellt. Eine Zusammenfassung der Ergebnisse schließt sich an.

2.1 Gottesbilder von Mädchen nach Stephanie Klein

Zur Forschungsfrage

In religiösen Vorstellungen sowie auf die christliche Kultur bezogenen Artefakten scheinen Gott und seine Darstellung als Mann untrennbar miteinander verbunden.[56] Klein geht in ihrer Studie der Frage nach, ob diese Beobachtung auch Auswirkungen auf Gottesbilder von Mädchen hat. Sie legt ihre Untersuchung so an, dass diese sowohl Bilder von Gott als auch Gespräche über das Gottesbild von Mädchen thematisiert.

Anlass der Studie

Die Studien von Bucher[57] und Hanisch[58] wiesen auf geschlechtsspezifische Unterschiede in der Darstellung von Gottesbildern hin. Klein geht davon aus, dass es durch die Festlegung Gottes auf das männliche Geschlecht in der christlichen Tradition möglicherweise dazu komme, dass sich Mädchen ausgeschlossen oder nicht verbunden fühlen. Die im je spezifischen kulturellen Kontext ausgebildete Gottesvorstellung greife weder die geschlechtliche Existenz noch die spezifisch weibliche Identität der Mädchen auf. Diese Spannung, die sie vorab als „Bruch der Geschlechterdifferenz" bestimmt, wird genauer fokussiert. Sie untersucht die Frage, wie sich Mädchen Gott vorstellen und über ihn sprechen.[59]

Design der Untersuchung

Als Probanden dienten untereinander befreundete Kinder, die sich ein Spielmilieu teilten und miteinander vertraut waren. Zum Zeitpunkt der ersten Untersuchung arbeitete Klein mit mehreren kleineren Gruppen. Die Kinder bekamen den Auftrag, ihre Vorstellung von Gott zu malen.

---

[56] Klein 2000.
[57] Bucher 1994.
[58] Hanisch 1996.
[59] Vgl. Klein 2000, 34.

Anschließend sollten die Kinder zu einem Gespräch zusammenkommen. Das Design überzeugte die Forscherin nicht, ein freies und unbefangenes Gespräch mit den Kindern kam nicht zustande. In einer Einzelgruppe – bestehend aus fünf Mädchen im Alter von sechs, neun und drei Zehnjährigen – gestaltete sich der Ansatz allerdings vielversprechend. Klein entschied sich daher, ihre Untersuchung nur noch mit dieser einen Mädchengruppe fortzusetzen.[60] Die Kinder wurden von Klein in drei aufeinanderfolgenden Jahren in häuslicher Umgebung besucht, um externe Störungen zu vermeiden und sie in ihren „alltäglichen Zusammenhängen" malen zu lassen.[61] In Gesprächen, dem Malen von Gottesvorstellungen sowie der Auswertung von Bildern mit der „Grounded Theory" dokumentierte sie die Entwicklung der Gottesvorstellungen in den Folgejahren.

Ergebnisse der Untersuchung

Klein beschreibt in ihrer Studie ausführlich die unterschiedlichen Einstellungen der Mädchen: So benennt sie „den kosmischen Schöpfergott", „die verborgene Gottheit", „Gott in Beziehung", „den wirkmächtigen Gott" sowie „Gott als Inbegriff des Guten" als spezifische Profile.[62] Ihre Ergebnisse leitet Klein sowohl aus der nachträglichen Analyse der drei längeren Gespräche sowie der gemalten Zeichnungen als auch aus ihren unmittelbaren Beobachtungen beim Malen ab.

Im Einzelnen hält Klein folgende Ergebnisse fest: Gott wird häufig als Himmelserscheinung gezeichnet – hierunter zählt sie u.a. den Regenbogen, die Sonne, Wolken, Mond und Sterne.[63] Weitere Themen, die in den Gesprächen und Bildern zur Sprache kommen, beziehen sich u.a. auf „Gott als Schöpfer" oder „die Wirkung Gottes" in der Welt der Kinder.[64] Durch die Positionierung Gottes, der im Himmel oder im Kosmos erscheinen kann, zeigen die Mädchen, dass sie sich Gottes Allgegenwärtigkeit vorstellen können. Dennoch artikulieren sie die Schwierigkeit, Gott präzise zu zeichnen oder darzustellen.[65]

---

[60] Vgl. Klein 2000, 75.
[61] Vgl. Klein 2000, 73.
[62] Vgl. Klein 2000, 145–154.
[63] Vgl. Klein 2000, 155.
[64] Vgl. Klein 2000, 159–160.
[65] Vgl. Klein 2000, 157–158.

Auf den Bildern der Mädchengruppe ist Gott vermehrt in personaler Gestalt gezeichnet, was nicht nur auf eine „lebendige Gottesbeziehung" schließen lässt, sondern auch darauf, dass Gott in ihrer Alltagswelt fest verwurzelt ist.[66] Die Kinder sehen sich und Gott in einer geradezu selbstverständlichen „Ich-Du-Beziehung" zueinander. Dies wird in den Gesprächen der Mädchen untereinander, aber auch in den Bildern sichtbar.[67] Eines der Kinder hat Gott mit weiblichen Attributen gezeichnet, bestreitet jedoch, dass es sich um eine Frau handelt. Klein interpretiert dies als „Konflikt in der religiösen Glaubenswelt des Mädchens."[68] Die Uneinigkeit zwischen der „erlebten Gottheit und dem gedachten Gott" führt Klein auf eine männlich genormte religiöse Sprache, aber auch auf das Nicht-Vorhandensein von weiblichen Beispielen zurück.[69]

Klein folgert aus ihrer Analyse, dass Mädchen, die sich nicht fest in christlichen Traditionen verwurzelt fühlen, Gott relativ unbefangen auch in weiblichen Formen darstellen können. Demgegenüber haben Mädchen, die sich einer christlichen Tradition fest verbunden fühlen, Schwierigkeiten, sich Gott als Frau oder mit weiblichen Zügen ausgestattet vorzustellen.[70] Klein empfiehlt eine Weiterentwicklung religionspädagogischer Settings und rät, eine Vielzahl von unterschiedlichen Gottesbildern zu zeigen.[71] Auch wenn sich gegen diese Studie die geringe Anzahl an Probanden ins Feld führen ließe, so ist doch der Befund erstaunlich, dass offensichtlich Mädchen gegenüber Jungen unterschiedliche Gottesbeziehungen entwickeln.[72]

2.2 Zur Entwicklung von Gottesvorstellungen nach Ibtissame Y. Maull

Zur Forschungsfrage

Maull geht der Frage nach, wie sich das konkrete Gottesbild bei einzelnen Kindern und Jugendlichen über einen bestimmten Zeitraum hinweg

---

[66] Vgl. Klein 2000, 161.
[67] Ebd.
[68] Vgl. Klein 2000, 170.
[69] Vgl. Klein 2000, 173.
[70] Ebd.
[71] Vgl. Klein 2000, 192–193.
[72] Benesch 2011, 303.

entwickelt. In ihrer Studie bildet die Entwicklung der Gottesvorstellung vom Kindes- bis zum Jugendalter den thematischen Schwerpunkt.[73]

Anlass der Studie

Die Entwicklung einer Gottesvorstellung stellt für viele Kinder eine Herausforderung dar. Maull geht mit Hanisch davon aus, dass die Entwicklung der Gottesvorstellung bei Kindern und Jugendlichen auf religionspädagogische Begleitung angewiesen ist. Diese könne sich u.a. in religionsdidaktischen Prinzipien widerspiegeln, die dem Religionsunterricht der Sekundarstufen I und II gezielt zugrunde gelegt werden.[74] Zwar sei das Gottesbild von Kindern und Jugendlichen durchaus erfragt worden, es fehlten aber präzise Aussagen im Rahmen einer qualitativen empirischen Längsschnittuntersuchung. Ihre Studie „Gottesbilder und Gottesvorstellungen von Kindes- zum Jugendalter"[75] unternimmt explizit den Versuch, diese Lücke zu schließen.

Design der Untersuchung

Der Studie lag ein konkreter zeitlicher Vergleich zugrunde. Eine Lerngruppe wurde im Abstand von vier Jahren auf ihre Gottesbilder und -vorstellungen hin befragt: Die Probanden entstammten einer sechsten Klasse eines Gymnasiums, die zum ersten Untersuchungszeitpunkt aus 30 Schüler*innen bestand, von denen 29 Schüler*innen evangelisch waren. 27 Schüler*innen stellten ihre gemalten Bilder von Gott zur Verfügung und erteilten in einem Interview Auskunft über ihre Vorstellungen. Vier Jahre später waren aus den Sechstklässlern Zehntklässler geworden. Die Anzahl der Probanden umfasste zum zweiten Untersuchungszeitpunkt 21 Schüler*innen, die an einer Wiederholung der Studie teilnahmen. Der Ablauf beider Untersuchungen war fast identisch: Der Arbeitsauftrag „Mein Bild von Gott" war beide Mal derselbe. Die Schüler*innen konnten ihre Vorstellung von Gott entweder zeichnerisch oder beschreibend zu Papier bringen, wobei alle 21 Schüler*innen entschieden, ihre Gottesvorstellung zu zeichnen. Anschließend nahmen die Schüler*innen an einem Interview teil, in dem sie ihre Gottesvorstellungen erörterten.[76]

---

[73] Vgl. Maull 2017, 144.
[74] Vgl. Maull 2017, 16ff.
[75] Maull 2017.
[76] Vgl. Maull 2017, 87–88.

Im weiteren Verlauf der Studie wurden die bildlichen Vorstellungen und Transkripte der verschiedenen Interviews unter Einbezug der jeweiligen Sozialisation nach Untersuchungszeitpunkt getrennt analysiert.[77] Als Auswertungsmethode diente Maull die „dokumentarische Methode der Interpretation" nach Hilger und Rothgangel.[78] Diese umfasst die „Rekonstruktion der Datengenerierung und Kriterien der Auswahl" sowie die Schritte der „Formulierenden Interpretation – Nachvollzug der Äußerung", der „reflektierenden Interpretation – Rekonstruktion der Form" und eine „Zusammenfassende Interpretation". Anschließend bezog Maull soziologische Befunde aus den transkribierten „Interviews"[79] sowie eine „zusammenfasende Interpretation von beiden Bildern und Interviews beider Untersuchungszeitpunkte" in ihre Untersuchung mit ein.[80]

Ergebnisse der Untersuchung

In der Gesamtanalyse der Untersuchungsergebnisse zeigte sich, dass die Schüler*innen häufig identische Motive gezeichnet hatten.[81] Hierzu zählen u.a. die Hand, die Sonne, die Erde, Gott als menschenähnliche Figur, aber auch die Verwendung von hellen Farben und hellem Licht, die als Attribute Gottes eingesetzt werden.[82] Die Untersuchung ergab, dass die Probanden eine „sehr konkrete und positive Vorstellung von Gott haben"[83], was sich in der Art der Darstellungen zeigte, in denen sie Gott als behütenden Schöpfer malten. Dennoch betonten viele Kinder in ihren Bildern und Gesprächen die Andersartigkeit Gottes. Auffällig war auch eine fehlende persönliche Beziehung der Kinder zu Gott, sie thematisierten überwiegend eine unpersönliche Beziehung zwischen „Gott und Menschen"[84].

---

[77] Vgl. Maull 2017, 88.
[78] Vgl. Maull 2017, 63.
[79] Für die Auswertung der Daten wurden Methoden der qualitativen Sozialforschung verwendet. Vgl. Maull 2017, 87.
[80] Vgl. Maull 2017, 88 ff.
[81] Vgl. Maull 2017, 112 ff.
[82] Vgl. Maull 2017, 112 ff. Die Befunde stimmen grundsätzlich mit Ergebnissen aus der qualitativen Studie von Bucher überein. Vgl. Bucher 1994, 86 f.
[83] Vgl. Maull 2017, 128.
[84] Ebd.

23

Eine Analyse der Bilder der Jugendlichen führte zum Ergebnis, dass sich einige Motive wie die Hand oder die Erdkugel, aber auch die Abbildungen von hellen Farben und Licht, wiederholten. Maull hält aber einen konkreten Unterschied zwischen den Bildern der Kinder und denen der Jugendlichen fest: das Zeichnen der Bilder spielte für die Jugendlichen keine wichtige Rolle mehr. Ihre Bilder waren weniger sorgfältig und detailreich gezeichnet.[85] Dennoch zeigten die jugendlichen Teilnehmer*innen das gleiche lebhafte Interesse daran, ihre Gottesvorstellung auszudrücken. Ihre Vorstellungen gingen jedoch darüber hinaus und zeigten komplexe Gedanken auf, die sich nur schwer in Bildern umsetzen ließen.[86] Maull stellt in ihrer Analyse heraus, dass Jugendliche im Gespräch zwar gelegentliche Anfragen und Zweifel an Gott äußerten. Die in den Bildern verwendeten Motive rückten aber überwiegend „positive Eigenschaften Gottes in den Mittelpunkt".[87]

Die größten Unterschiede zeigten sich in den Bildbesprechungen sowie in den die Gespräche zusammenfassenden Analyseergebnissen: Zum ersten Untersuchungszeitpunkt konnten die Kinder keine persönliche Beziehung zwischen sich und Gott darstellen. Zum zweiten Untersuchungszeitpunkt war es den Jugendlichen möglich, eine persönliche Beziehung zwischen sich und Gott, aber auch zwischen Gott und den Menschen herzustellen: Die Menschen wurden als „soziale Wesen" dargestellt, die „auf Beziehung und die Nähe anderer Personen angewiesen"[88] sind. Ebenso wurden die Motive „Schutz", der dem Individuum, aber auch der Menschheit als ganzer zuteil wird, sowie die „Gerechtigkeit Gottes" hervorgehoben.[89]

Einige Themen wie die „Schöpfung" wurden am ersten Untersuchungszeitpunkt thematisiert, die Ergebnisse der zweiten Untersuchung zeigen jedoch, dass die Jugendlichen vier Jahre später die Schöpfung weder in den Bildern noch in den Gesprächen erwähnten. Dies lässt auf eine Verschiebung der Interessen oder auf ein inzwischen erworbenes Wissen in den Naturwissenschaften zurückschließen. Es könnte sein, dass die

---

[85] Vgl. Maull 2017, 130.
[86] Vgl. Maull 2017, 141.
[87] Ebd.
[88] Ebd.
[89] Vgl. Maull 2017, 142.

Evolutionstheorie in eine Konkurrenz zur biblischen Schöpfung getreten ist, auf die sich die Jugendlichen nicht länger positiv beziehen können.[90]

Bei aller grundsätzlichen Wertschätzung ist gegenüber dieser Studie an-
zumerken, dass sie den entwicklungspsychologisch aufweisbaren Um-
bruch in den Gottesvorstellungen der Kinder und Jugendlichen nicht so
thematisiert, dass sie den dahinter liegenden Spannungen nachgeht. Sie
fokussiert sich auf die positiven Gottesbilder und nimmt diesen wider-
sprechende Stimmen lediglich zur Kenntnis.[91]

2.3. Theoretischer Hintergrund und Methodologie der Studie

Die Untersuchungen von Klein und Maull weisen darauf hin, dass Kinder und Jugendliche in der Lage sind, ein eigenes Gottesbild auszubilden, zu versprachlichen und mitzuteilen. Beide Studien erheben für die
Religionspädagogik relevante Ergebnisse. Daher bietet es sich an, das
spezifische Design der Studien, das Malen oder Zeichnen von Gottesbildern sowie das gleichzeitige oder sich anschließende Gespräch über
Gottesvorstellungen grundsätzlich zu berücksichtigen. Beide Studien
deuten die Möglichkeit einer Einordnung der Ergebnisse in einen um-
fänglicheren Kontext an. Eine Auseinandersetzung mit der durch das
Synodenwort der EKD vorgezeichneten Problematik unterblieb.[92] Das
Design wird im Folgenden gegenüber den genannten Studien so verändert, dass auch die Frage nach der Auseinandersetzung mit Gottesbildern beantwortet werden kann.

Die vorliegende Studie beschränkt sich nicht auf die Analyse von gemalten Bildern, sondern bezieht Erläuterungen zu den Bildern in methodologisch reflektierter Weise ein. Die Zusammenschau von gemaltem Bild und Erläuterungen hat die Funktion, eine von Maull am Rande
thematisierte Beobachtung näher zu untersuchen. Es geht um Hinweise

---

[90] Vgl. Maull 2017, 151.
[91] Vgl. auch Freudenberger-Lötz 2017, 690 f.
[92] Der eingeforderte Perspektivenwechsel wurde zwar im Rahmen der Kinder-
und Jugendtheologie akteurszentriert berücksichtigt, in der am Gegenstand
Gottesbild orientierten religiösen Entwicklungspsychologie führte er jedoch
nicht zu forschungsmethodologischen Veränderungen. Vgl. Freudenberger-
Lötz 2017, 680 f.

auf eine größere zeichnerische Kompetenz in der Kindheit gegenüber einer höheren sprachlichen Kompetenz in der Adoleszenz sowie um die Frage, ob diese Beobachtung als ein grundsätzliches Phänomen zu betrachten ist.[93]

Unsere Studie setzt nicht zyklisch, sondern punktuell an: sie adressiert querschnittsmäßig Schüler*innen zweier verschiedener Jahrgangsstufen und untersucht deren Gottesbilder und -vorstellungen so wie sie an einem durch die Untersuchung gesetzten Zeitpunkt vorliegen. Es geht also nicht darum, eine längerfristige Entwicklung darzustellen oder über die Reflexion einer abgeschlossenen Entwicklung nachzudenken, sondern darum, den Umgang mit Gottesbildern und -vorstellungen an einem Punkt X zu markieren und vergleichend zu untersuchen.[94]

Diese Studie konzentriert sich nicht auf die einfache Darstellung von Gottesbildern, sondern fokussiert eine thematische Auseinandersetzung mit sperrigen Gottesbildern. Dies geschieht nicht zuletzt, um mögliche Schwierigkeiten präzise analysieren zu können'.[95] Um diese Sperrigkeit bzw. Besonderheit darzustellen, bedarf es spezifischer Methoden. In diesem Fall wurde die *dokumentarische Methode* nach Bohnsack gewählt, da sie die Möglichkeit eröffnet, sowohl auf der Ebene der Bildanalyse als auch auf der Ebene der Textanalyse die Frage nach dem *Was*, aber auch die Frage nach dem *Wie* zu stellen. Auf diese Weise dürften sich interessante Aspekte ergeben, die die bisherigen Einblicke in den Umgang mit Gottesbildern ergänzen.

---

[93] Während Kinder zu ihrem gemalten Gottesbild gehörige Dinge nicht unbedingt versprachlichen können (Maull 2017, 58), scheint es sich bei Jugendlichen umgekehrt zu verhalten. Sie können nicht malen, was sie sprachlich ausdrücken können. Vgl. Maull 2017, 155, 164.

[94] Dabei wird vorausgesetzt, dass nur eine Auseinandersetzung mit dem eigenen Gottesbild zu Veränderungen führen kann.

[95] Die Berücksichtigung der sog. „Einbruchstellen des Gottesglaubens" im Umgang mit Gottesbildern und -vorstellungen ist ein dringendes Forschungsdesiderat. Vgl. Freudenberger-Lötz 2017, 690.

2.4. Design und Durchführung der Studie

2.4.1. Das Design der Studie

Gegenstand der vorliegenden Untersuchung sind Gottesbilder und Gottesvorstellungen, die in Zeichnungen und schriftlichen Äußerungen von Kindern und Jugendlichen enthalten sind.[96] Die Kinder und Jugendlichen stammen aus zwei verschiedenen Jahrgangsstufen einer Realschule im Münsterland. Erste Verbindungen zu der Schule konnten im Rahmen des Praxissemesters geknüpft werden. Die Schüler*innen entstammen zwei sechsten Klassen sowie zwei zehnten Klassen, die konfessionellen Religionsunterricht erhalten.[97]

Bestand die ursprünglich Forschungsfrage in der Vermutung, dass konfessionelle Unterschiede eine signifikante Rolle spielen könnten, so ergab eine erste Durchsicht, dass das Material für die Untersuchung konfessioneller Spezifika kaum geeignet war. Die Darstellungen reduplizierten vielmehr frühere Befunde.[98] Demgegenüber fielen uns jedoch Zeichnungen und Kommentierungen mit spezifischen Brüchen und Spannungen auf. Dies führte zu der Annahme, dass eine Untersuchung dieser Bilder sich ertragreicher gestalten könnte als eine Analyse der überraschungsärmeren Darstellungen. Hinzu kam die Erwartung, dass die Spannungs- bzw. Bruchbilder ihrerseits Zugänge zu Formen des Theologisierens enthalten.[99] Daher rückten wir von der Idee eines durch Kategorien geleiteten Vergleichs ab und fragten nach Gemeinsamkeiten derjenigen Bilder, die von den alterstypischen Befunden abweichen.

---

[96] Die Abgrenzung von Gottesbildern und Gottesvorstellungen ist im Einzelnen wegen fließender Übergänge nicht immer präzise möglich. Grundsätzlich werden die gezeichneten Darstellungen als Gottesbilder, die Kommentare der Bilder als Gottesvorstellungen definiert. Gottesvorstellungen kommen in der Analyse auch im Rahmen des Vergleichs als habitualisierte unbewusste Darstellungen zum Tragen.

[97] Die Auswahl der Jahrgangsstufen erfolgte, um eine möglichst große Vergleichbarkeit mit der Studie von Maull zu erreichen.

[98] Maull 2017, 130–141.

[99] Veit-Jakobus 2007, 121ff, 135ff., aber auch Freudenberger-Lötz 2012, 125 ff.

Aus organisatorischen Gründen fand die Untersuchung zur individuellen Gottesvorstellung der Zehntklässler in einem gemeinsamen Klassenraum statt: An einer ersten Untersuchung nahmen 12 von 30 katholischen und 12 von 25 evangelischen Schüler*innen teil.[100] An zwei weiteren Terminen wurden Sechstklässlerinnen, 28 Schüler*innen aus dem katholischen Religionsunterricht und 25 Schüler*innen, die an dem evangelischen Religionsunterricht teilnahmen, befragt. Der Studie standen drei Einzelstunden à 67 Minuten zur Verfügung.

Der organisatorische Ablauf aller drei Stunden war weitgehend identisch: Zu Beginn der Stunde wurde der Impuls: „Wie stellst du dir Gott vor? Male ein Bild!" an die Tafel geschrieben. Die Schüler*innen wurden anschließend gebeten, auf der Vorderseite eines weißen Blattes ihre bildliche Vorstellung von Gott, ihren Namen und ihr Alter festzuhalten. Auf der Rückseite sollte eine Beschreibung des gemalten Bildes notiert werden. Ursprünglich war die Bildbeschreibung zur Unterstützung der darauffolgenden Analyse angedacht: Bilder, auf denen die Abbildungen nicht klar erkenntlich wären, sollten im Sinne der Schüler*innen gedeutet werden können.

Den Schüler*innen standen ein 21cm x 21,5 cm großes weißes Blatt Papier sowie zahlreiche Buntstifte als Arbeitsmaterial zur Verfügung. Zu Beginn der Stunde wurde ausdrücklich darauf hingewiesen, dass es bei dem im Impuls enthaltenen Arbeitsauftrag um die Wiedergabe einer individuellen Meinung gehe und es daher kein richtig oder falsch bei der Bearbeitung gäbe. Die Schüler*innen hatten etwa 20 Minuten Zeit, das Bild zu zeichnen und kurz zu kommentieren. Zeitliche Spielräume waren eingeplant und wurden auch genutzt. Anschließend wurde im Stuhlkreis ein Gespräch über die einzelnen Bilder geführt.[101] Drei Kameras zeichneten die Diskussion auf.[102] In diesem Gespräch wurden die Bilder der Schüler*innen besprochen und in der Gruppe erörtert. In der

---

[100] Diejenigen Schüler*innen der 10. Jahrgangsstufe, die nicht gefilmt werden durften, malten auch kein Bild bzw. erläuterten ihre Gottesvorstellung nicht. Diese Schüler*innen wurden extern beschult.
[101] Ursprünglich war angedacht, konfessionelle Spezifika zu erheben. Die Zehntklässler saßen daher bei der Bearbeitung der Aufgabe nach Konfessionen getrennt.
[102] Die Auswertung der Gespräche ist einer weiteren Studie vorbehalten.

zehnten Religionsklasse nahmen nur die Schüler*innen teil, die auch die elterliche Erlaubnis für das Videografieren hatten.[103]

2.4.2. Erste Befunde

Eine nähere Durchsicht der Bilder ergab, dass eine Mehrzahl von Schüler*innen Gottesbilder gemalt hatten, die ausweislich der bisherigen Forschungsergebnisse als „traditionell" bezeichnet werden können: Gott erscheint als älterer Herr mit weißem Bart auf einer Wolke; aber auch abstrakte Symbole wie eine Sonne, eine Hand oder die Erde wurden gezeichnet. Da nicht alle 67 Bilder analysiert werden konnten, wurden diejenigen Bilder ausgewählt, von denen begründet zu vermuten stand, dass sie Spuren einer Auseinandersetzung mit Elementen des eigenen Gottesbildes enthalten.[104]

Im Folgenden werden überwiegend diejenigen Bilder analysiert, die eine Art „Bruch" aufweisen, sperrig sind oder Spannungen enthalten.[105] Es handelt sich insbesondere um solche Beispiele, die eine starke Spannung oder einen regelrechten Bruch in der Gottesvorstellung aufzeigen. Der „Bruch" stellte sich als ein besonderes Merkmal heraus, das sich auf die bildliche Darstellung von Gott bezieht oder einen Unterschied zwischen Bild und dazugehöriger Bildbeschreibung fokussiert.

---

[103] Schüler*innen, die keine elterliche Erlaubnis zum Videographieren hatten, wurden von den übrigen Schüler*innen vor Beginn der eigentlichen Untersuchung getrennt. Dies geschah auf Wunsch der beteiligten Lehrkräfte.

[104] Die übrigen Bilder ließen dies zumindest nicht auf den ersten Blick erkennen. Vgl. dazu auch Kap. 4.1.1. bzw. 4.1.2.

[105] Aus Gründen der vereinfachenden Reduktion ist im Folgenden zumeist von „Bruch" die Rede. Insgesamt haben in der 10. Klasse 24 Schüler*innen an der Untersuchung teilgenommen. In mehreren Erhebungsschritten wurden aus den Zeichnungen sieben Bilder (fünf von evangelischen Schüler*innen und zwei von katholischen Schüler*innen) ausgewählt. In der 6. Klasse haben im evangelischen Religionskurs insgesamt 25 Schüler*innen an der Untersuchung teilgenommen. Zwei Bilder weisen einen Bruch auf. In der 6. Klasse haben im katholischen Religionskurs 28 Schüler*innen an der Untersuchung teilgenommen. Vier von 24 Bilder verzeichnen einen Bruch.

Nach eingehender Diskussion in der Forscherwerkstatt wurden *drei signifikante Kriterien* herausgearbeitet, die neue Erkenntnisse insbesondere zur Frage des Umgangs mit der eigenen Gottesvorstellung[106] erwarten ließen:

1. Das Bild weist eine abweichende Darstellung vom traditionellen Gottesbild, d.h. von der in der Literatur als für die jeweilige Jahrgangsstufe spezifisch beschriebenen Gottesvorstellung auf. Für die unteren Jahrgänge ist dies eine anthropomorphe, ältere Gestalt, die an den Himmel gebunden ist.[107] Für die höheren Jahrgänge kann dies auch die Erdkugel sein, die von Händen umfasst oder von einer Hand gehalten wird.[108]

2. Das Bild zeigt einen thematischen Bruch im Bild selber auf, d.h. Spannungen, Gegensätze oder Widersprüche.

3. Es bestehen Brüche oder Divergenzen zwischen Bild und Bildbeschreibung (Text).

Aus diesen Befunden wurde die Konsequenz gezogen, Bilder und Texte mit Hilfe der dokumentarischen Methode zu analysieren und zu interpretieren. Ihr qualitativ-empirischer Zugriff auf Daten erlaubt es, beide Dokumentarten mit einem von der Grundhaltung her ähnlichen Ansatz darzustellen. Die Methode wird im Folgenden kurz in ihren Grundzügen vorgestellt.

2.4.3. Die dokumentarische Methode

Die dokumentarische Methode wurde von dem ungarisch-deutschen Wissenssoziologen *Karl Mannheim* (1893-1947) begründet. Mannheim ging es ursprünglich darum, eine soziologische Betrachtungsweise auf Kunst und Kultur zu entwickeln, um alltägliche Handlungen besser zu verstehen.[109] Im Zentrum seines Ansatzes steht die Frage nach den Alltagsroutinen von Menschen, die er beschreibt und deren Herkunft er zu

---

[106] Bei der Diskussion in der Forscherwerkstatt stand insbesondere die Frage im Hintergrund, ob und inwiefern man von einem Theologisieren der Kinder und Jugendlichen ausgehen könne.
[107] Bucher 1994, 86 f; Hanisch 1996, 63.
[108] Hanisch 1996, 97 f. Mit dem „traditionellen Gottesbild" ist insgesamt auch eine klassische Gottesvorstellung gemeint. Vgl. Fischer/ Schöll, 1994, 239 f.
[109] Vgl. Mannheim 2004, 108–112.

30

verstehen sucht. – *Ralf Bohnsack* (1937-2009) spricht diesbezüglich vom habituellen Handeln, da es sich um ein inkorporiertes routiniertes Wissen handelt, über das Menschen verfügen.[110] – Mannheim versucht, diesen Zustand mit einem Beispiel zu verdeutlichen: Das inkorporierte Wissen ermögliche jedem erwachsenen Menschen einen Knoten zu binden. Dennoch falle es schwer, dieses Wissen verbal zu äußern. Sofern man das Knotenbinden einem Unwissenden erklären müsse, sei man genötigt, das eigene Wissen um diese im eigenen Körper verankerte habituelle Handlung in eine allgemeinverständliche Sprache zu transformieren.

Die dokumentarische Methode hat zum Ziel, dieses inkorporierte oder habituelle als „atheoretisches Wissen" zu rekonstruieren.[111] Das „atheoretische Wissen ist dabei ein Bestandteil unseres „habituellen Handelns".[112] Bei der Rekonstruktion dieses „atheoretischen Wissens" wird zwischen zwei Sinnebenen unterschieden: der immanent-expliziten und der dokumentarisch-konjunktiven Sinnebene.

Auf der ersten Ebene werden die beobachteten Erfahrungen genau beschrieben und geschildert sowie auf ihren „immanenten Sinngehalt" hin analysiert. Dabei wird innerhalb dieser Ebene zwischen dem „intentionalen Ausdruck", den Absichten und Motiven des Erzählenden sowie dem „Objektsinn", der allgemeinen Bedeutung eines Textinhaltes oder einer Handlung, unterschieden.[113] Bezogen auf das Beispiel des Knotenbindens impliziert dies Folgendes: jemand kann die Absicht verfolgen, einen Knoten zu binden. Diese Absicht bleibt jedoch für jemanden Zweites unsichtbar, sie kann nur aufgrund einer Handlung erschlossen werden. Der fertige Knoten als Resultat dieser Handlung indiziert den Objektsinn.[114] Auf der zweiten dokumentarischen Sinnebene, geht es um die Rekonstruktion einer „geschilderten Erfahrung als Dokument einer Orientierung".[115] In dieser Sinnebene wird die Frage nach dem

---

[110] Vgl. Nohl 2017, 6.
[111] Ebd.
[112] Ebd.
[113] Vgl. Nohl 2017, 4.
[114] Vgl. Nohl 2017, 5.
[115] Vgl. Nohl 2017, 4.

Wie beantwortet, zum Beispiel wie ein Text zusammengesetzt ist.[116] Um diese Sinnebenen umsetzen zu können wird forschungspraktisch ein „vierstufiger analytischer Prozess" entwickelt, der sich – in zeitlich versetzter Abfolge – aus der *formulierenden Interpretation*, der *reflektierenden Interpretation*, der *komparativen Analyse* sowie der *Typenbildung* zusammensetzt.[117] Man unterscheidet zwischen der dokumentarischen Textinterpretation und der aus ihr hervorgegangenen dokumentarischen Bildinterpretation. Sie sind im Folgenden kurz vorzustellen.

2.4.3.1. Die dokumentarische Textinterpretation

Die ersten beiden Interpretationsschritte der dokumentarischen Methode befassen sich mit dem Wechsel vom expliziten zum impliziten Wissen. Sie wechseln von der Frage nach dem *Was* zur Frage nach dem *Wie*.[118] In diesen Schritten findet sich die Unterscheidung zwischen der immanenten und der dokumentarischen Sinnebene wieder.[119] Die *formulierende Interpretation* beschäftigt sich mit dem – auf der Inhaltsebene zu konkretisierenden – *immanenten Sinngehalt* eines Textes oder einer Aussage. Sie hat das Ziel, die Frage nach dem *Was*, also die Themen der Interaktion, zu beantworten[120]: Der Inhalt eines Textes oder einer Aussage wird mit neuen Worten zusammengefasst, man verbleibt aber auf der Ebene des *immanenten Sinngehaltes* des Textes.[121] Die *reflektierende Interpretation* rekonstruiert anschließend den Rahmen der Interaktion, sie versucht also Antworten darauf zu finden, *wie* das Thema bearbeitet wurde.[122] Die Frage nach dem *Wie* richtet sich nach der Frage des *modus operandi*, also nach dem *Habitus*.[123]

In der *komparativen Analyse* geht es um eine „empirische Rekonstruktion und Explikation des atheoretischen Wissens", die dazu dient, den

---

[116] Ebd.
[117] Vgl. Kromrey 2016, 506.
[118] Vgl. Bohnsack 2013, 13.
[119] Nohl 2017, 5.
[120] Vgl. Kromrey 2016, 506.
[121] Vgl. Nohl 2017, 5.
[122] Vgl. Kromrey, 2015, 507.
[123] Vgl. Bohnsack 2013, 13.

ersten Erzählabschnitt wissenschaftlich fortzusetzen.[124] Somit kommt der komparativen Analyse nicht nur eine „erkenntnisgenerierende und -kontrollierende Funktion"[125] zu, sondern sie schafft auch einen Orientierungsrahmen, der sich empirisch valide erfassen und mit den auf den ersten folgenden Erzählabschnitten anderer Fälle vergleichen lässt. Die komparative Analyse zielt auf Kontraste in der Gemeinsamkeit und bereitet dadurch die Entwicklung von unterschiedlichen Typen vor.[126]

Der letzte Schritt der dokumentarischen Methode, die *Typenbildung*, hat das Ziel, unterschiedliche Typen zu entwickeln, um Bezüge zwischen verschiedenen Charakterisierungen herzustellen. Der „Kontrast in der Gemeinsamkeit"[127] ist von großer Bedeutung, er schafft einen Rahmen, innerhalb dessen eine Typologie festgehalten wird. Dabei ist zwischen zwei unterschiedlichen Typenbildungen zu unterscheiden: In der *sinngenetischen* Typenbildung werden unterschiedliche Orientierungsrahmen aus mehreren Fällen analysiert und typisiert, während die *soziogenetische* Typenbildung die soziale Genese des Orientierungsrahmens sowie deren spezifischen Erfahrungsraum untersucht.[128]

Die Methode wurde ursprünglich für Gruppendiskussionen entwickelt. In der Religionspädagogik wird sie zunehmend für Einzelinterviews und Klassengespräche eingesetzt.[129]

2.4.3.2. Die dokumentarische Bildinterpretation

Der für entsprechende Text- und transkribierte Gesprächsdokumente entwickelte Ansatz wurde in den 1990er Jahren auch auf Bilder und Videos übertragen. Diese Weiterentwicklung profitiert von wechselseitigen Beziehungen zwischen Kunstgeschichte und Soziologie: Der Kunsthistoriker *Erwin Panofsky* (1892-1968) vermittelte mit seinem ikonographisch-ikonologischen Bildinterpretationsansatz nicht nur einen neuen Zugang zur Ikonologie. Er verband auch die ikonologische

---

[124] Vgl. Nohl 2017, 8.
[125] Vgl. Bohnsack 2013, 24.
[126] Vgl. Nohl 2017, 8.
[127] Vgl. Bohnsack 2003, 141–143.
[128] Bohnsack 2013, 248.
[129] Zuletzt vgl. Ulfat 2018; Roggenkamp 2018.

Sinndimension seiner Methode mit der „dokumentarischen Methode der Interpretation"[130] von Karl Mannheim.

Panofskys ursprüngliches Interpretationsschema lässt sich in drei Abschnitte gliedern: In der *vorikonographischen Beschreibung* werden Formen und Darstellungen benannt und Ereignisse zwischen diesen beschrieben, aber noch nicht gedeutet.[131] In der *ikonographischen Analyse* werden die im ersten Analyseschritt erkannten Motive einzelnen Themen oder Konzepten zugeordnet oder als Handlungen zwischen den Motiven gedeutet.[132] Die *ikonologische Interpretation*, beschreibt das *Wie*. Sie richtet sich auf den modus operandi.[133] Auf dieser Ebene erschließt sich der eigentliche Dokumentsinn[134]: Die in den ersten beiden Analyseschritten erkannten Formen, Motive und Handlungen werden als symbolische Werte präsentiert und bilden einen größeren Zusammenhang.[135] Während Mannheim den analytischen Ebenenwechsel zwischen der expliziten und der impliziten Wissensebene ansiedelt, knüpft Panofsky in der ikonographisch-ikonologischen Interpretation an die Leitdifferenz vom *Was* („immanenter Sinngehalt") zum *Wie* („dokumentarischer Sinngehalt") der dokumentarischen Methode an.[136] Dieser Wechsel geht von der formalen Bildgestaltung, also der *Ikonographie*, hin zu dem dahinterliegenden Sinngehalt eines Bildes, der *Ikonologie*.[137]

Max Imdahl (1925-1988) setzte sich mit dem Interpretationsschema von Panofsky kritisch auseinander, nicht zuletzt, um es weiter zu entwickeln: Imdahl kritisierte, dass Formen und Kompositionen kaum Beachtung fänden. Für Panofsky sei das Bild nur ein die „Gegenstände identifizierendes Sehen".[138] Im Gegenzug entwickelte Imdahl die Vorstellung vom „sehenden Sehen", die ausschließlich den modus operandi

---

[130] Vgl. Bohnsack 2013, 75–76.
[131] Vgl. Bohnsack 2013, 76.
[132] Vgl. Panofsky 1995, 210.
[133] Vgl. Bohnsack 2013, 77.
[134] Ebd.
[135] Vgl. Panofsky 1995, 211 ff.
[136] Vgl. Panofsky 1994, 208 ff.
[137] Vgl. Bohnsack 2011, 30.
[138] Vgl. Imdahl 1996, 89. Vgl. auch Bohnsack 2013, 78.

der Bildkomposition erfasse. Imdahl sieht jedoch das wiedererkennende bzw. gegenständliche und das sehende Sehen nicht als sich aus-
schließende Zugangsweisen an, sondern empfiehlt, beide Ansätze, das
„gegenständliche Sehen" sowie das „sehende Sehen" miteinander zu
vereinen. Dies macht die Leistung der Ikonik aus.[139] Imdahls Unterscheidung zwischen dem „wiedererkennenden Sehen", der Erkennung
der Dreidimensionalität im Bild, sowie dem „sehenden Sehen", der Beschreibung der formalästhetischen Fläche, veranlasste ihn, sich insbesondere der formalen Ebene zuzuwenden: Um die Eigenlogik bzw. eine
sich darin ausdrückende Autonomie des Bildes zu betonen und zugleich
zu erhalten, arbeitete Imdahl Analyseschritte für die Beschreibung einer
formalen Bildkomposition aus. Es handelt sich um „die perspektivische
Projektion", die „szenische Choreographie" und „die planimetrisch ge-
regelte Ganzheitsstruktur".[140] Erst das Zusammenspiel vom „sehenden
Sehen" und „wiedererkennenden Sehen" bildet für ihn die Bildseman-
tik.[141]

Ralf Bohnsack verknüpfte die Ansätze von Erwin Panofsky und Max
Imdahl und entwickelte vor diesem Hintergrund die „dokumentarische
Bildinterpretation" als eine methodische Möglichkeit, Werbung, Vide-
ographien, aber auch Zeichnungen empirisch und methodisch kontrolliert zu analysieren. Die formulierende Interpretation wird dabei auf die
vorikonographische und ikonographische Interpretation nach Panofsky
abgebildet, während sich die reflektierende Interpretation aus den Ergebnissen der planimetrischen Komposition, der szenischen Choreographie und der perspektivischen Projektion nach Imdahl zusammensetzt. Auch an Bildern lassen sich zwei Sinnschichten erkennen –, die
„kommunikativ-generalisierte Sinnebene" und die „implizite Sinnebene", die den Dokumentsinn trägt. Bohnsack beschreibt die entsprechenden Unterschiede als methodologische Leitdifferenz. Vor diesem
Hintergrund wird auch bei der Interpretation von Bildern – in Anknüpfung an die Analyse von Textdokumenten – eine Zweiteilung in die formulierende Interpretation sowie in die reflektierende Interpretation vor-
genommen.[142]

---

[139] Vgl. Bohnsack 2013, 78.
[140] Vgl. Bohnsack 2013, 82.
[141] Vgl. Przyborski/Wohlrab-Sahr 2014, 329.
[142] Vgl. Przyborski/ Wohlrab-Sahr 2014, 338.

Die *formulierende Bildinterpretation* beschreibt das „wiedererkennende Sehen", sie konzentriert sich auf die Beantwortung der Frage, *was* auf dem Bild zu sehen ist und nimmt aus Panofskys Ansatz die Interpretationsschritte auf der vor-ikonographischen Sinnebene sowie auf der ikonographischen Sinnebene auf.[143] Die vor-ikonographische Interpretation beschreibt, was auf dem Bild abgebildet ist. Dabei sollten das narrative Wissen oder sozio-kulturelle Wissensbestände über das Bild möglichst nicht berücksichtigt werden. Gelegentlich wird empfohlen, die Beschreibung in Bildvordergrund, Bildmitte und Bildhintergrund einzuteilen. Die ikonographische Interpretation konzentriert sich auf das „narrative, anekdotische, thematische und allegorische Wissen", das – bzw. insofern es – in der vor-ikonographischen Interpretation noch ausgeklammert wurde. Es geht darum, Antworten auf die Frage zu finden, welche Szene auf dem Bild abgebildet ist.[144] Zu diesem Zweck werden Motive aus dem Bild mit Themen und Konzepten verbunden.[145]

Die *reflektierende Bildinterpretation* umfasst die ikonische, aber auch die ikonologisch-ikonische Interpretation. Im ersten Schritt der ikonischen Interpretation wird das „sehende Sehen" fokussiert: Die formale Bildkomposition beinhaltet drei Schritte, die nicht unbedingt chronologisch aufeinander folgen müssen: die planimetrische Komposition, die szenische Choreographie und die perspektivische Projektion, wobei die planimetrische Komposition den Mittelpunkt der Analyse bildet. Im Rahmen der planimetrischen Interpretation ermöglichen Linien, die vom Interpreten zu entdecken und einzuziehen sind, „Strukturmerkmale jenseits des wiedererkennenden Sehens zu rekonstruieren". Sie dienen der Ermöglichung des „sehenden Sehens": Die eingezogenen Linien erlauben es dem Bildbetrachter, den Zusammenhalt bzw. das Auseinanderbrechen von Kompositionen in der Bildkomposition sichtbar zu machen, sie heben auch „Schlüsselstellungen" im Bild besonders hervor.[146] Die szenische Choreographie beschreibt das Verhältnis der

---

[143] Vgl. Przyborski/Wohlrab-Sahr 2014, 340 ff.
[144] Vgl. Ebd.
[145] Vgl. Bohnsack 2013, 76.
[146] Vgl. Przyborski/Wohlrab-Sahr 2014, 342–343.

abgebildeten Personen und Motive zueinander.[147] Dabei wird das „Beziehungsmuster" der abgebildeten Figuren möglichst weitgehend entschlüsselt, indem ein besonderer Fokus u.a. auf Mimik und Gestik der Personen liegt.[148] Die perspektivische Projektion stellt das Abgebildete in seiner Räumlichkeit dar. Sie klärt die Frage der Perspektivität, aus der heraus der Bildbetrachter das Bild analysiert.[149]

Im zweiten größeren Schritt der ikonologisch-ikonischen Interpretation, wird das „sehende und wiedererkennende Sehen" profiliert. Dabei geht es auch hier darum, die Frage nach dem Wie zu beantworten, es geht also um den modus operandi.[150] In der ikonologisch-ikonischen Interpretation wird der „Dokumentsinn" fokussiert, der sich in der Interpretation des Bildes zeigt. In diesem Interpretationsschritt werden die Ergebnisse der vorherigen Interpretationen nun zu „einer Gesamtinterpretation des Dokumentsinns" zusammengeführt, um das „intuitive Erkennen zu explizieren".[151] Weitere Interpretationsschritte – wie die komparative Analyse oder die Typenbildung – folgen dem Aufbau der dokumentarischen Textinterpretation.

Historisch betrachtet hat sich die dokumentarische Bildinterpretation aus der dokumentarischen Textinterpretation unter Rückgriff auf deren Beziehung zu ikonographischen und ikonischen Ansätzen der Bildinterpretation entwickelt. Im Folgenden wird auf Grund des Untersuchungsdesigns ein umgekehrter Weg beschritten. Auf die dokumentarische Bildinterpretation folgt die dokumentarische Textinterpretation, da die Erläuterungen der Schüler*innen im Anschluss an das Zeichnen der Bilder verfasst worden sind. Die komparative Analyse vergleicht die Ergebnisse der verschiedenen Zugänge, während eine typisierende Analyse die Ergebnisse der Einzelfallanalysen – ggf. auch vor dem Hintergrund vorhandener Studien – zu bündeln sucht.[152]

---

[147] Vgl. Bohnsack 2013, 88.
[148] Vgl. Przyborski/Wohlrab-Sahr 2014, 344.
[149] Vgl. Przyborski/Wohlrab-Sahr 2014, 343.
[150] Vgl. Bohnsack 2011, 19.
[151] Vgl. Przyborski/Wohlrab-Sahr 2014, 345.
[152] Zu den einzelnen Analyseschritten vgl. auch Kap. 3.

2.4.3.3. Präzisierungen zur Typenbildung

Das komplexe Design der Studie – Bild und Text werden auf der Ebene der Einzelfallanalyse gesondert betrachtet, anschließend aufeinander bezogen – macht es notwendig die Frage der Typenbildung zu präzisieren.

Die Wissens- und Kultursoziologie unterscheidet verschiedene Formen der Typenbildung. Im Rückbezug auf Max Webers Idealtypus, der Aspekte der sozialen Wirklichkeit auf ihre forschungsmethodologische Wichtigkeit hin fokussiert, differenziert insbesondere Bohnsack zwischen Common Sense Typenbildung einerseits und praxeologischen Typenbildungen andererseits.

Während Common Sense Typenbildungen als Beobachtungen erster Ordnung gelten – der Beobachter interessiert sich für die wahrscheinlich zu machende Zweckrationalität einer Handlung und entwickelt Theorien über eine unterstellte Handlungspraxis –, entsprechen praxeologische Typenbildungen Beobachtungen zweiter Ordnung. Sie interessieren sich für die Handlungspraxis, die sie als Beobachtungen des Beobachters (re-) konstruieren. Dabei geht es um das „Dass" bzw. um das „Wie" eines Prozesses oder einer Prozessstruktur.[153]

Common Sense Typenbildungen sind nicht mit sinngenetischen Typenbildungen zu verwechseln, auch wenn sie ihnen von außen betrachtet nahestehen. Sinngenetische Typenbildungen fragen nach dem inhaltlichen Orientierungsrahmen einer Äußerung. Die Frage nach dem „Was" der formulierenden Interpretation wird abstrahiert, spezifiziert und schließlich generalisiert.

Die praxeologischen Typenbildungen gehen durch die Common Sense Typenbildungen hindurch. Die Typenbildungen bauen aufeinander auf, ihre Beziehung ist aber eine spezifische. Sie stehen in einer gewissen Unschärfe zueinander. Dies wird auch daran deutlich, dass bestimmte Weiterführungen der Common Sense Typenbildung den Bruch mit dem Common Sense voraussetzen, d.h. den subjektiv gemeinten Sinn einer Handlung hinterfragen.[154]

---

[153] Bohnsack 2013, 241–244, 244.
[154] Bohnsack 2013, 243 f.

Die praxeologischen Typenbildungen sind an dem atheoretischen Wissen interessiert, d.h. sie fragen nach einer dem Einzelnen nicht bewussten Praxis. Diese Praxis begründet als „kollektive Erlebnisschichtung"[155] in Produkt wie Voraussetzung eine habitualisierte Einstellung, die für die Frage nach einem möglichen Vollzug des Theologisierens Relevanz erhält. Sie erlaubt darüber hinaus langfristig die soziogenetische Typenbildung, also die Rückführung habitualisierter Orientierungsmuster auf ein soziologisch beschreibbares Milieu.

Die soziogenetische Typenbildung entwickelt sich wie die sinngenetische aus dem ständigen Vergleich heraus.[156] Sie umfasst vier Analyseschritte: die Generierung des Orientierungsrahmens aus der reflektierenden Interpretation (1), seine Abstraktion (2) sowie die Spezifizierung (3) und eine abschließende Generalisierung (4) im Rahmen der Soziogenese. Auf diesen letzten Schritt wird in vorliegender Studie verzichtet.

Dies liegt zum einen an entsprechenden Ergebnissen einer Vorstudie. Konfessionelle Differenzen lassen sich – trotz eines entsprechenden Designs – nicht nachweisen. Es ist zum anderen auch in der Fragestellung nach dem Theologisieren mit Gottesbildern begründet.

Der Ansatz der Studie legt die der sinngenetischen Typenbildung entsprechenden inhaltlichen Orientierungsrahmen zugrunde, greift aber auch auf die praxeologischen Unschärferelationen in der soziogenetischen Typenbildung zurück.

---

[155] Bohnsack 2013, 247.
[156] Zur Rekonstruktion der Rekonstruktionspraxis vgl. Nohl 2013, 271.

3. Einzelfallanalysen, Gottesbilder und Gottesvorstellungen im Vergleich

Das Kernstück der Studie bildet die Analyse der Gottesbilder der Schüler*innen. In den konkreten Einzelfallanalysen orientiert sie sich an der Vorgehensweise von Bohnsack in seinem zentralen Beispiel „Heidi: Eine exemplarische Bildinterpretation auf der Basis der dokumentarischen Methode"[157]. Die von den Schüler*innen angefertigten Bildbeschreibungen werden ebenfalls mit der dokumentarischen Methode interpretiert.[158] Dabei sind zunächst die Schritte formulierende Interpretation, reflektierende Interpretation ausgewählt. An die dokumentarische Bild- und Textinterpretation schließt sich einerseits eine komparative Analyse, andererseits eine typisierende Analyse an.

Der Vorgang der komparativen Analyse bezieht sich in der vorliegenden Untersuchung auf den Vergleich zwischen den Bildern und den dazu angefertigten Bildbeschreibungen sowie – sofern es möglich und sinnvoll ist – auf einen internen Vergleich der Einzelfälle.

Die typisierende Analyse ersetzt eine umfassende Fallbeschreibung, die - wegen der Kürze der Bildbeschreibungen - weder möglich noch - auf Grund der Bild und Text zusammenschauenden komparativen Analyse - notwendig ist.[159] Dieser Analyseschritt sucht zu ermitteln, welche (im- oder explizit theologische) Frage die Zeichner*innen umgetrieben hat.

Die typisierenden Analysen erfolgen vom gesamten dokumentarischen Material der Einzelfallanalyse her, das sie auf die Frage nach dem für diesen Fall typischen Gottesbild fokussieren. Sie beziehen gelegentlich entwicklungspsychologische Beobachtungen mit ein.

---

[157] Vgl. Bohnsack, 2013, 347–361. Es ist allerdings darauf hinzuweisen, dass es sich in dieser Studie um Bilder handelt, die von Kindern und Jugendlichen gezeichnet wurden, während Bohnsacks „Heidi-Beispiel" eine Werbephotographie analysiert und interpretiert. So kann im Folgenden etwa im Schritt der „planimetrischen Komposition" die Zweidimensionalität der Bilder nicht berücksichtigt werden: sie ist in den Bildern nicht vorhanden. Vgl. Bohnsack, 2013, 352.
[158] Vgl. Bohnsack, 2010, 134–143.
[159] Der Schritt der Fallbeschreibung hat die Funktion die bisherigen Ergebnisse zusammenfassend darzustellen vgl. Bohnsack 2010, 13.

40

Eine Theorie über den Umgang mit Gottesbildern (vgl. Kap. 3.2.; Kap. 3.5.) erwächst im weiteren Verlauf aus einem jahrgangsstufenimmanenten Vergleich der komparativen (Einzelfall-) Analysen. Sie entwickelt sich vornehmlich aus der formulierenden Bildinterpretation bzw. im Falle der Zehntklässler primär aus der formulierenden Textinterpretation heraus.

Ein Vergleich der Ergebnisse von formulierender und reflektierender Textinterpretation im Rahmen der komparativen Analyse avisiert – auch im Vorgriff auf die Typenbildung des Common Sense – Eigenschaften der Gottesbilder im Rahmen der Gottesvorstellungen (Kap. 3.3.1.) bzw. Gottesbilder als Gottesdarstellungen (Kap. 3.6.1.).

Im Rahmen der Gottesvorstellungen (als Beobachtungen zweiter Ordnung) ermöglicht ein Vergleich der typisierenden Analysen die vergleichende Beschreibung der Entwicklung des eigenen Gottesbildes (Kap. 3.3.2.) sowie der Gottesdarstellungen im Spiegel der Handlungen Gottes (Kap. 3.6.2.).

Eine sinngenetische Typenbildung, die partiell praxeologische Elemente integriert, kann erst auf der Grundlage sämtlicher Interpretationen erfolgen (Kap. 3.7.2.).

An dieser Stelle ist schließlich auf zwei kleinere Abweichungen von der dokumentarischen Methode nach Bohnsack aufmerksam zu machen:

Zum einen handelt es sich bei den Bildbeschreibungen um kurze Sätze, die in ihrem formalen Aufbau nicht mit Gesprächsprotokollen[160] vergleichbar sind. Insofern sie in Gehalt und Struktur an Aufgabenstellungen oder Äußerungen im Klassengespräch erinnern, scheint eine Anwendung der dokumentarischen Methode auch hier sinnvoll.[161]

---

[160] Die reflektierende Interpretation rekonstruiert als Orientierungsrahmen die Haltung zum eigenen Gottesbild, nicht aber dessen Herkunft aus einem spezifischen Milieu. Aus Gründen einer besseren Nachvollziehbarkeit sind gelegentlich inhaltliche Aussagen aufgenommen. Sie werden kursiv gesetzt, wo sie erscheinen.
[161] Vgl. Przyborski/ Wohlrab-Sahr 2014, 301 ff.

In den reflektierenden Textinterpretationen kommt zum anderen nicht in jedem Fall ein Dreischritt von Proposition, Elaboration und Konklusion zum Tragen. Dies Phänomen ist in der dokumentarischen Interpretationspraxis mehrfach belegt.[162]

3.1. Einzelfallanalysen der Sechstklässler

Im Folgenden werden die individuellen Gottesbilder der Schüler*innen sowie ihre Beschreibungen vorgestellt. Die Interpretation von Bild und Text nach dem Schema der dokumentarischen Methode bildet die Gesamtanalyse der Bildbeschreibung. Der Bruch wird dabei entweder im Rahmen der ikonischen Interpretation als Teil der reflektierenden Interpretation der Bildanalyse oder in der reflektierenden Textinterpretation bzw. komparativen Analyse im Rahmen des Vergleichs zwischen Bild und Bildbeschreibung sichtbar.

---

[162] Ein dokumentarischer Zugriff auf kleinteilige Textauszüge charakterisiert insbesondere die fachdidaktische Forschung. Vgl. Martens/Gresch 2018; Roggenkamp 2018.

3.1.1. Akw (12 Jahre)

3.1.1.1. Formulierende Bildinterpretation

Abbildung 1: Bild von Akw

Vorikonographische Ebene

Zum Bildvordergrund

Im Vordergrund des Bildes ist ein exakt runder Kreis abgebildet, der im Zentrum des Bildes gemalt wurde. Der Umriss des Kreises wurde mit Bleistift gezeichnet, mit einem kräftigen gelben Ton (Buntstift) wurden seine Konturen umrandet und mit einem helleren gelben Farbton ausgemalt. Der Kreis weist ein menschlich wirkendes Gesicht auf: zwei Augen, eine Nase und einen Mund. Die zwei Augen sind groß und blau ausgemalt, die übergroß wirkenden Pupillen wurden mit Bleistift gezeichnet. Im Auge reflektiert sich das Licht. Die Augen haben den Charakter von übergroßen Comicaugen. Die Nase erinnert an eine kleine Stupsnase und ist mit dem gleichen kräftigeren Gelbton gezeichnet, mit der auch die inneren Konturen des Kreises gemalt wurden. Der Mund hat einen kräftigen Magenta-Ton. Die Mundwinkel sind auf der rechten Seite – vom Stand des Bildbetrachters aus[163] – leicht nach oben gezogen. Dies vermittelt den Eindruck, als ob der große Kreis verschmitzt grinsen würde. Um den Kreis herum wurden vier kleinere Ovale mit geschwungener Linie gemalt, drei auf der unteren Seite und ein kleines Oval mit geschwungener Umrandung oben rechts. Alle Ovale verdecken einen Teil des großen Kreises. Die Ovale mit geschwungener Linie sind mit einem dunkleren Blauton, vermutlich mit Filzstift, gezeichnet und mit einem helleren Blauton, vermutlich mit Buntstift, ausgemalt; darüber hinaus wurden in diesen Kreisen mit Kugelschreiber weitere blaue Kringel gemalt.

Zum Bildhintergrund

Der Hintergrund des Bildes erstreckt sich um den Kreis herum. Dieser wurde mit einem Grauton, vermutlich Bleistift, schraffiert. Auf der ausgefüllten Fläche des Hintergrundes wurden viele runde gelbe Kreise gemalt.

Ikonographische Elemente: Common Sense Typisierung

Insgesamt betrachtet kann der große Kreis aufgrund der Anordnung der kleineren Ovale um ihn herum als runder Vollmond gedeutet werden. Die Kreise mit geschwungenen Linien können als Wolken betrachtet werden. Die kleineren Kreise deuten auf Sterne hin. Es entsteht eine kosmische Szene mit Mond und Sternen.

---

[163] Es handelt sich um eine Formulierung, die in der dokumentarischen Bildinterpretation häufiger vorkommt und die Perspektive beschreibt, von der aus der Bildbetrachter auf das Bild schaut.

3.1.1.2. Reflektierende Bildinterpretation

Formale Komposition

Abbildung 2: Planimetrische Komposition von Akw

Planimetrische Komposition

Die Gesamtkomposition des Bildes ist geprägt von zwei Linien, die parallel von rechts nach links durch die Bildmitte verlaufen. Die obere horizontal verlaufende Linie grenzt an die höchste Stelle des runden Mondes an, während die untere ebenfalls horizontal verlaufende Linie durch den kaum sichtbaren unteren Rand des Mondes verläuft. Auf diese Weise wird der Mond in den Vordergrund gerückt. Er erscheint als eine das Bild domminierende Gestalt. Der Mond als eigentlicher Bildinhalt wird von den anderen Formen und Gegenständen umkreist.

Szenische Choreographie

Der Mond befindet sich genau im Zentrum der bildlichen Komposition. Dieser Eindruck wird durch die großen, runden Augen mit dem halben Lächeln des Mondes unterstrichen. Der freundliche Blick wendet sich dem Bildbetrachter bzw. der Bildbetrachterin direkt zu. Die Wolken um den Mond herum verdecken kleinere Stellen seiner Fläche, insbesondere den unteren Teil, so dass der Eindruck entsteht, dass sich der Mond gerade aus seinem Wolkenbett heraus begibt und sich dem Bildbetrachter zuwendet.

Perspektivische Projektion

Die perspektivische Wirkung drückt sich atmosphärisch durch die Farbkomposition aus: Im Hintergrund wird der dunkelgrau dargestellte Himmel durch die runden Sterne erhellt. Diese sind ihrerseits vom grauen Himmel verdunkelt, so dass sie nicht so hell erstrahlen wie der Mond, der sich mit seinem leuchtenden Gelb in den Vordergrund schiebt. Der Mond befindet sich in Zentralperspektive, er steht auf Augenhöhe des Bildbetrachters und zieht den Blickkontakt unmittelbar auf sich.

Ikonische Interpretation

In der herausgehobenen Position des Mondes wird eine Dissonanz der Stilelemente sichtbar. Wegen der Anordnung der Symbole – wie Mond, Sterne und Wolken – lässt sich schlussfolgern, dass es sich bei diesem Bild um ein kosmisches Himmelsbild handelt. Der Bruch liegt in der Darstellungsart des Mondes, d.h. auf der Ebene des Stils. Der Mond wurde mit einem kindlich wirkenden Gesicht und naiven Gesichtszügen gemalt, die sich in Kinderbüchern, aber auch Comicheften finden und an den Stil japanischer Manga Zeichnungen erinnern: Die rund gezeichneten Augen wirken freundlich, sie lächeln den Bildbetrachter unschuldig und naiv-harmlos an. Die Darstellung des Mondes bedient ein niedlich wirkendes „Kindchenschema". Sie steht in einem erheblichen Kontrast zur kosmischen Macht des Mondes, die durch den Sternenhimmel aufgerufen ist. Der Mond erscheint nicht länger als ein über die Gezeiten bestimmender Himmelskörper, seine Kraft wirkt eigentümlich gebrochen. Eine herausragende kosmische Macht scheint von diesem freundlich dreinblickenden Mond – mit Stupsnäschen und runden Kulleraugen – nicht auszugehen.

3.1.1.3. Formulierende Textinterpretation

Ich stelle mir Gott wie den Mond vor der für alle Menschen Nachts Licht aus strahlt und den Menschen nach hause hilft.[164]

Die Schülerin setzt in dem Bild ihre Gottesvorstellung unmittelbar um. Für sie erscheint Gott wie ein Mond, der in der Dunkelheit der Nacht für alle Menschen leuchtet und ihnen hilft, ihren Weg nach Hause zu finden.

3.1.1.4. Reflektierende Textinterpretation

Die Schülerin proponiert Gott als einen Gegenstand, der über bestimmte Funktionen verfügt. Sie elaboriert, dass Gott, der für alle da ist, sich in einer bestimmten Weise verhält. Sie elaboriert ergänzend, dass der Mensch durch das Licht nach Hause findet. Gott wird als positive Lichtquelle dargestellt, die in der Dunkelheit für die Menschen leuchtet und in einer Alltagssituation unterstützend zur Seite steht. Die Schülerin kommt der Aufgabenstellung nach, indem sie ihre Gottesvorstellung in einem Satz präzise beschreibt und eine Aufgabe mit Gott verbindet: *„für alle Menschen Nachts Licht aus strahlt und den Menschen nach hause hilft"*. Eine Konklusion entfällt. Sie könnte in dem impliziten Hinweis darauf bestehen, dass die Menschen ihr Nach-Hause-Kommen selbst zu bewerkstelligen haben.

3.1.1.5. Komparative Analyse[165]

Die Schülerin entwirft die Vorstellung von einem schützenden Gott, der den Menschen, die es nötig haben, hilft, indem er ihnen den Weg aus leuchtet. Gott wird als strahlendes Licht dargestellt, als Mond, der am Himmel steht und von seiner vorteilhaften Position aus alle Menschen sieht. Er kann notfalls schützend eingreifen. Sein Licht strahlt für alle, das Zwinkern sowie das direkte Hervorkommen aus dem Wolkenbett deuten die Möglichkeit einer individuellen Beziehung und Fürsorge an.

Diese Aussage scheint insbesondere der Bruch im Bild zu unterstützen. Hier ist kein kosmologisch aufgeregter, sondern ein Gott beschrieben,

---

[164] Die Orthographie der Bildbeschreibungen wird hier und im Folgenden nicht korrigiert.
[165] Die komparative Analyse vergleicht hier und im Folgenden die Ergebnisse der dokumentarischen Bild- sowie der dokumentarischen Textinterpretation.

der sich von sich aus auf die Menschen zu bewegt. Die Schülerin bezieht ihre Vorstellung von Gott allerdings nicht persönlich auf sich („ich glaube, dass Gott *mir* den Weg leuchtet"), sondern ihr Nachdenken mündet in die Folgerung, dass „alle Menschen" von Gottes Handeln positiv betroffen sein können. Die Orientierung der Schülerin spielt mit dieser grundsätzlichen Möglichkeit.

3.1.1.6. Typisierende Analyse[166]

In gewissem Sinne entspricht die Gottesvorstellung in Bild und Bildbeschreibung einem Typus, der Gott als *Helfer* darstellt. Insofern scheint hier ein Stadium abgebildet, dass in die Zeit vor dem entwicklungspsychologisch bedingten juvenilen Atheismus der Jugendlichen fällt[167]: Die Schülerin fragt nicht, aus welchem Grund manche Menschen trotz Gottes Fürsorge stolpern. Gott übt auch nicht verschiedene Funktionen aus, sondern ist allein für das Leuchten zuständig. Sein Wirkungsbereich bleibt eingeschränkt.

Insofern Gott den Menschen zu dem notwendigen Licht verhilft, ermöglicht er ihnen auch, ihren Weg nach Hause zu finden. Daher ist er nicht nur freundlicher Helfer, sondern auch *Helfer zur Selbsthilfe*. Das Nach-Hause-Kommen müssen die Menschen selbst bewerkstelligen. Insofern die Menschen sich nicht tagsüber, sondern im Wesentlichen nachts – und bei Vollmond – auf sein Handeln verlassen können, findet eine weitere Einschränkung statt. Nur in der Dunkelheit erweist sich Gott als Helfer zu Selbsthilfe. Diese Überlegungen legen die Frage nahe, *wie und unter welchen Bedingungen* Gott mit den Menschen in Kontakt tritt.

---

[166] Die typisierende Analyse unternimmt hier und im Folgenden den Versuch, aus dem Material selbst heraus ein kohärentes Gottesbild zu entwickeln.
[167] Nipkow 1987, 55 f.

3.1.2 Bkw (12 Jahre)

3.1.2.1. Formulierende Interpretation

Abbildung 3: Bild von Bkw

Vorikonographische Ebene

Zum Bildvordergrund

Der Bildvordergrund ist durch die Zeichnung einer einzelnen Figur geprägt, die mit Bleistift gemalt wurde. Die Figur trägt ein langes Gewand. Die Position der Armansätze deutet an, dass die Figur ihre Arme entweder auf ihrem Rücken verschränkt hält oder sie am Oberkörper ruhen lässt. Die Beine und Füße sind mit einer sehr feinen Strichführung gezeichnet und anschließend wegradiert worden. Der Kopf der Figur ist mit dunklem Haar umrahmt. Das Gesicht ist durch einen langen, lockigen Bart halb verdeckt, es lässt sich aber noch ein lächelnder Mund erkennen, der dem Gesicht Freundlichkeit verleiht. Das Gesicht der Figur hat weitere menschliche Gesichtszüge wie zwei Augen und eine kleine Stupsnase. Für die Zeichnung wurde ein Bleistift verwendet.

Zum Bildhintergrund

Die Schülerin hat das restliche Bild weiß gelassen.

Ikonographische Elemente: Common Sense Typisierung

Gott wird als Mann mit Bart und einem langen Gewand dargestellt. Dies entspricht – mit Ausnahme der unsichtbaren Arme sowie der lediglich angedeuteten Beine – einer eher traditionellen Vorstellung. Augen, Augenbrauen, Bart und Haare sind dunkel gehalten.

3.1.2.2. Reflektierende Interpretation

Formale Komposition

Abbildung 4: Planimetrische Komposition von Bkw

Planimetrische Komposition

Die Gesamtkomposition des Bildes ist geprägt von einer Linie, die sich von der gemalten Figur ausgehend nach unten hin erstreckt. Dies hinterlässt beim Bildbetrachter den Eindruck, dass die Figur im Raum schwebt. Sie befindet sich über den Belangen des Irdischen. Zugleich nimmt sie eine Position ein, die in gewissem Sinne „über Allem" steht.

Szenische Choreographie

Die Figur ist nicht im Zentrum des Bildes platziert, sondern sie wurde im oberen Drittel des Bildes mittig gezeichnet.

Perspektivische Projektion

Durch die Platzierung der Figur im oberen Drittel des Bildes wird der Bildbetrachter zu einem Perspektivenwechsel veranlasst: Die Figur wurde nicht auf Augenhöhe platziert, sondern scheint auf den Bildbetrachter herabzuschauen. Auf diese Weise hebt sie sich deutlich von anderen, sich möglicherweise am Boden befindenden Personen ab.

Ikonische Interpretation

Das Bild ist bis auf die mit Bleistift gezeichnete Figur weiß gelassen. So wird der Blick des Bildbetrachters unwillkürlich auf das Wesen gelenkt. Die Figur weist die äußeren Merkmale eines Mannes auf. Sie trägt menschliche Gesichtszüge und strahlt aufgrund der Mimik eine freundliche Grundhaltung aus.

Die männliche Gestalt befindet sich in einer anderen höheren Ebene als der Bildbetrachter. Dieser muss seinen Blick nach oben richten, um ihn anzuschauen. In der Blickachse zwischen dem Bildbetrachter und der Figur wird so ein spannungsvolles Gefälle sichtbar, das eine hierarchische Beziehung preisgibt, die ihrerseits die Erhabenheit der gezeichneten Figur unterstreicht. Durch die erhöhte Position der Figur wird ihre Bedeutung sichtbar.

3.1.2.3. Formulierende Textinterpretation

Auf meinem Bild kann man einen Gott ohne Augen und mit den Händen hinter dem Rücken sehen. Das mit den „verschlossenen"[168] Augen ist so weil Gott über Menschen über den inneren Werten urteilt ob er „gut" oder „schlecht" ist und dafür braucht er nur eine Nase um den Richtigen richer zu haben, Hande um den Menschen in die Richtige Bahn zu schubßen und einen Mund um in den Träumen denjenigen das zu sagen was ihnen fehlt und der Bart ist ein Symbol für seine Weisheit.

Die Beschreibung wird detailliert wiedergegeben und mit einer Begründung versehen. So ergibt sich folgendes Bild: Gott hat keine sehenden,

---

[168] Die Anführungszeichen verweisen offenbar auf eine uneigentliche, metaphorisch gemeinte Ausdrucksweise.

sondern „verschlossene Augen", er hält die Hände hinter dem Rücken verschränkt. Eine längere Erklärung über die Funktion einzelner Körperteile schließt sich an: Gott hat seine Augen „verschlossen", da er sich nicht von Äußerlichkeiten ablenken lassen, sondern über die inneren Werte der Menschen urteilt. Um zu beurteilen, ob ein Mensch „gut" oder „schlecht" ist, benötigt er „nur eine Nase". Hände dienen dazu, „den Menschen in die Richtige Bahn zu schubsen", ein Mund teilt denjenigen, denen etwas fehlt, dies „in den Träumen" mit. Der Bart verweist auf Gottes „Weisheit". Gott hat also einen menschlichen Körper, dessen Körperteile über Funktionen verfügen, die sie auch bei Menschen haben können.

3.1.2.4. Reflektierende Interpretation

Die Schülerin proponiert, dass ihr Gottesbild eine Gestalt zeigt, die weder sehende Augen noch sichtbare Hände benötigt. Die Elaboration fokussiert Herkunft und Beschreibung des göttlichen Urteilsvermögens. Sie führt implizit aus, dass „Gott" den Menschen auf andere als menschliche Weise erkennt: es geht nicht um das äußere Erscheinungsbild, sondern um den inneren Wert eines Menschen. Dieser Wert wird durch die Nase, deren Funktion umgangssprachlich, aber metaphorisch verfremdet ist –„den richtigen Riecher zu haben"– erkannt. Eine ergänzende Elaboration problematisiert in ähnlicher Weise die nicht sichtbaren Hände, die Gott benötigt, um die Menschen zu moralischem Handeln zu bewegen. Gott wirkt aber nicht nur im metaphorischen Sinne direkt körperlich. Er nimmt auch auf andere Weise Einfluss, indem er Manchen indirekt zu existentieller Erkenntnis verhilft. Die Konklusion verweist gleichsam metaphorisch auf eine grundsätzliche Eigenschaft Gottes zurück, die für sein implizites Handeln an den Menschen verantwortlich ist: Gott hilft Menschen, die es aus moralischen oder existentiellen Gründen nötig haben.

3.1.2.5. Komparative Analyse

Das Bild stellt Gott in menschlicher Form dar, er ist freundlich, jedoch den Menschen durch seine Stellung überlegen. Die Beschreibung thematisiert keine abgerückt überlegene Haltung, sondern ein fürsorgliches Verhalten. Gott urteilt unter Absehung der physischen Person, er „sieht" das Innere der Menschen an, schubst die, die es nötig haben, auf den richtigen Weg und verhilft denjenigen, denen etwas fehlt, dazu, dass sie diesen Mangel erkennen. Die entsprechende Bruchlinie verläuft zwischen Bild und Text, denn erst durch die Beschreibung des Bildes werden Aussehen und Position der männlichen Gestalt auf dem Bild verständlich. Während das Bild eine anthropomorphe, aber unvollständige Vorstellung von Gottes Wesen ins Gespräch bringt, das sich zum Betrachter in einem offensichtlich asymmetrischen Verhältnis befindet, thematisiert die Bildbeschreibung eine Vorstellung von Gottes Handeln, das sich der im Bild verdeckten bzw. in ihrer Funktion nicht ohne weiteres erkennbaren körperlichen Elemente bedient. Die Ausführungen der Schülerin zeigen eine unerwartete Orientierung auf: Der Text entbirgt das Bedürfnis nach einem fürsorglichen, den Menschen helfenden Gott. Dies setzt eine spezifische Gottesvorstellung voraus: Nur weil er als abständig-erhaben erscheint, kann sich seine Weisheit entfalten.

3.1.2.6. Typisierende Analyse

In diesem Bild entspricht Gott dem Typus eines *gerecht Handelnden*: er weiß um den inneren Wert der Menschen und ermöglicht denen, die auf die schiefe Bahn geraten sind, das für sie Richtige zu erkennen. Und auch anderen ermöglicht er zu erkennen, was ihnen offensichtlich fehlt. Insofern scheint er vor allem Hilfe zur Selbsthilfe zu ermöglichen. Dies geschieht aus einer Position heraus, die grundsätzlich das Innere des Menschen würdigt. Dabei steht auch hier die grundsätzliche Frage im Hintergrund, *wie und unter welchen Umständen* es Gott gelingt, *mit Menschen in Kontakt zu treten*. Konkreter formuliert lässt sich mit der Schülerin fragen, *woher Gott eigentlich weiß, was für den Menschen das Richtige ist bzw. was ihnen fehlt.*

3.1.3. Ckw (12 Jahre)

3.1.3.1. Formulierende Interpretation

Vorikonographische Ebene

Abbildung 5: Bild von Ckw

Zum Bildvordergrund

Im Vordergrund des Bildes ist ein mit Bleistift gezeichneter Mann zu sehen, der ein knielanges braunes Gewand trägt. Dieses Gewand wurde mit einem braunen Buntstift ausgemalt, während die Fransen an beiden Ärmeln und am Saum des Kleides mit dickeren Strichen gezeichnet wurden. Das Gesicht des Mannes ist von einem Bart halb verdeckt. Ein roter Mund ist gerade noch zu erkennen. Der Mann hat blaue Augen und eine Stupsnase. Das Haar der Figur wurde wie der Bart mit Bleistiftgrau ausgemalt.

Die männliche Figur trägt in der linken Hand – vom Stand des Bildbetrachters aus – einen mit Bleistift gezeichneten langen Stab, der durch seine Länge weit über die Schulter hinaus ragt. An der Spitze des Stabes, der sich oben verengt, ist ein ovalförmiger grüner Stein eingelassen.

Zum Bildhintergrund

Die Schülerin hat sich entschieden, den Hintergrund des Blattes weiß zu lassen.

Ikonographische Elemente: Common Sense Typisierung

Aufgrund der äußeren Darstellung des Mannes sowie der Art, in der er den Stab in der Hand hält, kann vermutet werden, dass es sich bei der Gestalt um jemanden handelt, der einzelne Personen, Tiere oder eine Gruppe anführt. Durch die Kleidung, das lange einfache Gewand, stellen sich Assoziationen zu biblischen Gestalten – wie Moses oder Aaron – ein, die ihrerseits als Anführer gelten können. Richtet man den Fokus auf den Stab, so wird man nicht umhinkönnen, diesen als den Stab eines wohlhabenderen Menschen anzusehen. Dieser Einordnung widerspricht allerdings das rotbraune Gewand der Figur, das auf einen ländlichen, fast ärmlichen Hintergrund verweist: es gleicht einem Hirtengewand und bildet einen deutlichen Gegensatz zum kostbaren Stab.

3.1.3.2. Reflektierende Interpretation

Formale Komposition

Abbildung 6: Planimetrische Komposition von Ckw

Planimetrische Komposition

In diesem Bild kann eine horizontal verlaufende Linie zwischen der Figur und dem Stab, den die Figur hält, ausgemacht werden. Sie vermittelt den Eindruck, dass der Stab zu der Figur gehört und beide eine Einheit bilden.

Szenische Choreographie

Die männliche Figur ist in die linke Hälfte des Bildes – vom Stand des Bildbetrachters aus – gezeichnet worden. Der Stab wird von ihr gerade und aufrecht in der linken Hand gehalten. Dadurch sieht es so aus, als ob die Figur den Weg in eine bestimmte Richtung weise. Unterstützt wird der Eindruck durch eine vom Stab ausgehende Symbolik: er strahlt Macht und Autoritätsbewusstsein aus. Im Gegensatz dazu steht allerdings die Anordnung der Augen der männlichen Figur. Sie sehen den Bildbetrachter nicht direkt an, sondern blicken nach links unten. Der

Kopf ist auf ein Jenseits der Horizontale ausgerichtet. Der Blick der Figur vermittelt den Eindruck, sich gedankenversunken auf das Innere zu konzentrieren: Die Gestalt scheint vor sich hinzuträumen.

Perspektivische Projektion

Durch die Platzierung der Figur in der linken Bildhälfte wird der Eindruck vermittelt, als ob etwas fehlen würde. Die Figur rückt etwas aus der Zentralperspektive heraus.

Ikonische Interpretation

Das Bild weist in der verwendeten Symbolik und der menschlichen Darstellung eine ästhetische Dissonanz der Stilelemente auf: Es zeigt eine männliche Figur, die mit menschlichen Körperteilen – zwei Armen, Beinen, Rumpf und Kopf – gemalt wurde. Lediglich das ihm beigeordnete Artefakt – der Stab mit einem grünen Edelstein – verweist auf eine spezifische Machtstellung. Dadurch gelingt es der Gestalt, Herrschaft und Autorität auszustrahlen. Gleichwohl ist die Person bescheiden gekleidet. Das schlichte braune Gewand weist keinerlei Verzierungen oder Stickereien auf. Die männliche Figur trägt keine weiteren Dinge – wie etwa eine Krone oder Juwelen –, die auf eine spezifische Herrschaft oder sonstige Bedeutung rückschließen lassen. Der ästhetische Bruch kann auf der Ebene des Bildes selbst angesiedelt werden: die Einfachheit der männlichen Figur steht in einem Gegensatz zu ihrer Haltung und zum herrschaftlichen Stab in ihrer Hand. Es entsteht eine Spannung zwischen dem Habitus eines armen Schäfers und der Inszenierung als Anführer.

3.1.3.3. Formulierende Textinterpretation

Ich habe Gott einen Stab gemalt weil es zu ihm gehört er sorgt gutes damit auf der Erde. Ein Bart habe ich ihm auch gemalt weil es seine Weisheit ist. Blaue Augen hat er bekommen weil es heißen soll das er ein guter Mensch ist.

Die Schülerin hat Gott mit einem Stab gemalt, da er mit ihm für Gutes auf der Erde sorgt. Sie fügt zwei weitere Dinge hinzu: Der Bart stehe für „seine Weisheit", die blauen Augen zeigen an, dass er „ein guter Mensch ist". Die Schülerin stattet ihre Zeichnung mit Dingen aus, die spezifische Eigenschaften Gottes hervorheben. Weil Gott ein guter Mensch ist, da seine Augen eine bestimmte Farbe haben, deswegen tut er Gutes.

3.1.3.4. Reflektierende Textinterpretation

In der Bildbeschreibung der Schülerin fällt eine spezifische Verbindung zwischen Proposition und Elaboration auf: Die Schülerin proponiert im Modus einer Aussage ein Ding als Attribut von Gott, das ihn zugleich ermächtigt, bestimmte Aufgaben zu übernehmen. Im Modus einer Erklärung elaboriert sie sein konkretes Handeln als förderliches Handeln. *Gottes Vermögen, Gutes zu tun, ist offensichtlich von einem Ding abhängig.* Im Modus einer spezifischen Erläuterung werden weitere Aspekte elaboriert: ein Körperelement verweist auf eine spezifische Eigenschaft, ein Attribut eines anderen Körperteils bezeichnet das Wesen Gottes. *Während der Bart auf die Weisheit hin deutet, wird die Augenfarbe mit Gottes Charaktereigenschaften verbunden.* Es kommt zu einer Art Pseudo-Konklusion, insofern Gottes Wesen durch ein farblich konnotiertes Attribut eines Körperteils bezeichnet ist. Die Schülerin lässt dadurch ein spezifisches Selbstverständnis erkennen: sie sieht sich als *Künstlerin, die ihre spezifische Vorstellung* von Gott kreiert.

3.1.3.5. Komparative Analyse

Das Bild stellt Gott mit anthropomorphen Zügen dar. Die Schülerin entwickelt ihre Vorstellung von den Charaktereigenschaften Gottes – ausgehend von körperlichen Merkmalen wie dem Bart oder den blauen Augen. Dabei thematisiert das Bild die Spannung von hoheitlich-kostbarer und bescheiden-niedriger Atmosphäre. Es verknüpft sich aber auch mit der textlichen Beschreibung, die Gottes menschlich-körperliche Eigenschaften mit idealen guten Charaktereigenschaften koppelt. Erst durch das Zusammenspiel von Bild und Bildbeschreibung wird die Aussageabsicht der Künstlerin erkennbar: Damit Gott das Gute für die Erde (weiterhin) wollen kann, ist er mit Weisheit und menschlicher Gutheit auszustatten. Die Orientierung der Künstlerin weist traditionelle Elemente auf: *Gott erscheint als weise und gut.*

3.1.3.6. Typisierende Analyse

Dieses Bild kann von der Bildbeschreibung her – der Auflösung der Spannung aus dem Bild – einem Typus zugeordnet werden, den man mit Gott als *guter Mensch* bezeichnen könnte. Gott besitzt menschliche Eigenschaften, die die Schülerin an bestimmten körperlichen Merkmalen festmacht. Gleichzeitig verfügt er aber auch über Kräfte, die über gewöhnliche menschliche Eigenschaften hinausgehen: er ist mehr als ein guter Mensch, versucht er doch gerade als Führer das Gute zu tun, wenn es um ihn herum irgendwie anders zugeht. Die implizite Frage, die sich im Hintergrund dieser Gottesvorstellung abzeichnet, lautet: *Wie kann Gott der Welt Gutes tun? Wie kann Gott als Anführer Vertrauen gewinnen?*

3.1.4. Dkw (12 Jahre)

3.1.4.1. Formulierende Interpretation

Vorikonographische Ebene

Abbildung 7: Bild von Dkw

Zum Bildvordergrund

Im Bildvordergrund befindet sich ein Mädchen mit langen schwarzen Haaren. Es trägt ein rotes Kleid und rote Schuhe. Das Kind hat blaue Augen und verzieht seinen Mund zu einem Lächeln. Über ihm steht mit Bleistift geschrieben das Wort *Mensch*. Rechts neben dem Mädchen – vom Stand des Bildbetrachters aus – ist eine kleine mit Bleistift ge-

zeichnete Katze zu sehen, der mit einem roten Buntstift ein Katzenge-
sicht eingezeichnet wurde. Über der Katze steht mit Bleistift geschrieben das Wort *Tier*. Mensch und Tier befinden sich auf mit einem grünen
Buntstift gemaltem Gras. Am rechten Bildrand ist ein Baum mit Bleistift eingezeichnet, dessen Stamm und Äste braun ausgemalt worden
sind. Die Krone besteht aus grünem Laubwerk. Aus dem Stamm kommen zwei Augen hervor: Das Augenpaar nimmt die Breite des Stammes
ein. Jedes Auge hat eine blaue Iris und lange Wimpern. Neben den Augen im Stamm steht mit Bleistift das Wort *Gott* geschrieben, ein Strich
neben dem Wort lenkt den Blick des Bildbetrachters auf die Augen im
Stamm. Alle übrigen Augenpaare im Vordergrund des Bildes sind blau
ausgemalt. Links neben dem Baum ist im Gras eine gelbe Blume zu
sehen. Neben dem Gras verläuft eine mit Bleistift gezeichnete Straße.

Zum Bildhintergrund

Der Bildhintergrund ist von einem Himmel geprägt, in dem vier Wolken – mit Bleistift gezeichnet – zu sehen sind. Zwei Wolken befinden
sich in der Mitte des Bildes, um sie herum sind Vögel gezeichnet. In
der linken oberen Ecke des Bildes erscheint eine Wolke, aus der wiederum Augen mit blauer Iris hervorschauen. Auch dieses Augenpaar
wurde mit dem Wort *Gott* bezeichnet. Unter der Wolke befindet sich
eine runde Sonne, deren Strahlen abwechselnd gelb und rot gezeichnet
sind. In der rechten Bildecke wurde wiederum eine Wolke gemalt, die
Augen mit blauer Iris aufweist und mit dem Wort *Gott* gekennzeichnet
ist. Um die Wolken, den Baum, das Mädchen und die Katze ist mit
blauen Strichen der Himmel gezeichnet.

Ikonographische Elemente: Common Sense Typisierung

Im Bild ist eine an eine Straße grenzende Landschaft dargestellt, in der
neben einzelnen Elementen aus der Natur Gott aus verschiedenen
Blickwinkeln, jedoch mit seiner spezifischen Fähigkeit, alle Dinge zu
sehen, dargestellt ist. Die in Wolken und Baumstamm erscheinenden
Augenpaare erinnern an Augenpaare aus Comic-Zeichnungen.

3.1.4.2. Reflektierende Interpretation

Formale Komposition

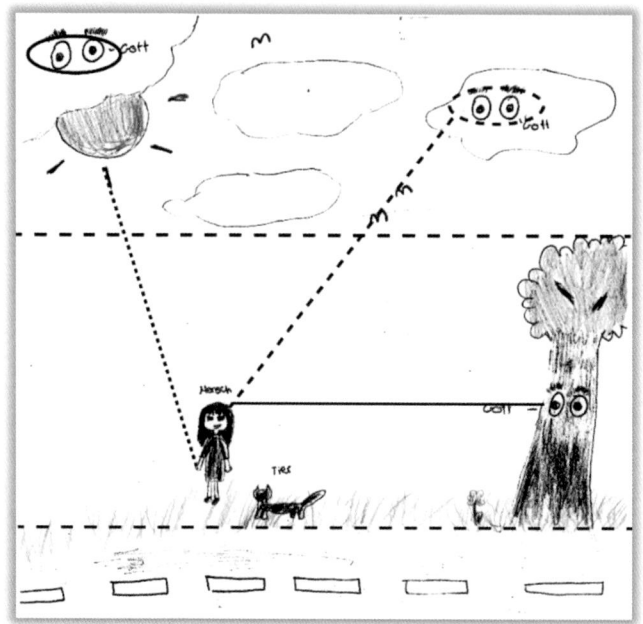

Abbildung 8: Planimetrische Komposition von Dkw

Planimetrische Komposition

Durch die Gesamtkomposition des Bildes ziehen sich mehrere Linien. Sie verbinden die Gegenstände des Bildes untereinander und bilden eine harmonische Einheit: Die erste Linie verläuft vom Baum in der rechten Bildecke – vom Stand des Bildbetrachters aus – zum Kopf des Mädchens. Die Augen bilden den zentralen Punkt, die Mensch (kleines Mädchen) und Tier (Katze) anblicken. Die zweite Linie geht von dem Augenpaar in der Wolke in der linken oberen Bildecke aus. Es erweckt den Eindruck, als starre es den Bildbetrachter direkt an. Auch stellt es eine direkte Linie zwischen dem das Bild Betrachtenden sowie dem Bild selbst her: Der Bildbetrachter fühlt sich aufgrund des Blickes direkt angesprochen und wird mit dem Bildinhalt unmittelbar konfrontiert. Eine weitere Linie reicht von dem Augenpaar in der Wolke in der rechten Bildhälfte wiederum zum Mädchen. Die letzte Linie verläuft von der Sonne in der linken Bildhälfte bis in ihre Strahlen hinein, die sie mit Mädchen und Katze verbinden. Dies lässt beim Bildbetrachter den Eindruck entstehen, als ob die Sonne eine Kraft ist, die den Mittelpunkt des Bildes verändern kann. Das Bild lässt sich auch in horizontale Linien zergliedern: Im ersten Teil ist die Straße zu sehen, im zweiten Abschnitt sind das Mädchen und der Baum platziert, während im dritten Teil Wolken, Sonne und Vögel zu sehen sind. Gemeinsam bevölkern sie den Himmel.

Szenische Choreographie

In der Mitte des Bildes sind das Mädchen mit der Beschriftung *Mensch* sowie die Katze mit der Überschrift *Tier* platziert. Um sie herum sind Elemente der Natur – wie Gras, ein Baum, eine strahlende Sonne, Wolken und Vögel – angeordnet. Die Zusammenstellung bildet eine fast bukolische Szene ab.

Perspektivische Projektion

Die Darstellung der landschaftlichen Szenerie dominiert das gesamte Bild. Sie ist aus und in einer Zentralperspektive gezeichnet: Die Lebewesen, aber auch die Wolkenaugen sehen den Bildbetrachter direkt an und ziehen den Blickkontakt auf sich. Eine Ausnahme stellen die Augen im Baum in der rechten Bildecke dar.

Ikonische Interpretation

Baum und Wolken wurden mit menschlichen Augen gemalt. Diese in der Natur vorkommenden Dinge erhalten aber nicht nur menschliche Sinnesorgane, sie übernehmen auch deren Eigenschaften – wie etwa das Schauen. In dem die Augenpaare den Betrachter regelrecht anstarren, bringen sie in die ansonsten relativ friedlich wirkende und der Natur nachgebildete Landschaftsszene einen deutlichen Missklang. Ein Bruch zeigt sich dort, wo sich die Augen in und aus Gegenständen heraus zeigen, denen sie unter gewöhnlichen Umständen nicht anhaften. Die Augen stechen heraus und wirken eigentümlich deplatziert: Zum einen wird Wolken und Baum auf diese Weise ein göttlicher Charakter zuerkannt. Zum anderen bilden die Dinge einen Teil von Gott selber ab. Er leiht ihnen nicht nur seine Augen, er *ist* zugleich die Natur. Insofern vertreten die Augenpaare einerseits metaphorisch die Schöpfung als ein aktiver Teil der Natur: sie beobachten *Mensch* und *Tier*. Andererseits fixieren die Augenpaare auch den *Bildbetrachter*. Der göttliche Blick zeigt offensichtlich an, dass Gott jeden und alles immer überall sieht.[169] In der vorliegenden Landschaftsszenerie wird ein Bruch sichtbar, der sich in stilistischer Hinsicht durch nur scheinbar miteinander kompatible Gegensätze aus- und abzeichnet: die Um- und Mitwelt wird beäugt.

3.1.4.3. Formulierende Textinterpretation

Beschreibung: Ich kann mir Gott nicht vorstellen aber das Bild soll beschreiben das Gott überall ist und alles sieht. Ich denke das er unsichtbar ist.[170]

Die Schülerin distanziert sich in ihrer Bildbeschreibung von einer konkreten individuellen Gottesvorstellung. Mit Hilfe ihres Textes möchte sie zum Ausdruck bringen, dass sie sich Gott nicht vorstellen kann, gleichwohl aber über ein Bild von ihm verfügt. Gott ist überall, auch sieht er alles. Die Schülerin nimmt daher an, dass Gott unsichtbar ist.

3.1.4.4. Reflektierende Textinterpretation

Die Schülerin proponiert im Modus der Aussage, dass sie sich Gott nicht bildlich vorstellen kann. Zugleich elaboriert sie metasprachlich im Modus einer Antithese, dass ihr gezeichnetes Bild für eine spezifische Vorstellung von Gott, der „überall ist und alles sieht", steht. Die wesentlichen Zuordnungen werden ergänzend elaboriert: für Gott sind seine Fähigkeiten „überall" zu sein und „alles zu sehen" wesentlich. Damit werden zwar auch übermenschliche Eigenschaften in die Gottesvorstellung eingeschrieben. Im Rahmen einer Konklusion spiegelt sich aber vor allem das Ergebnis des Nachdenkens über Bild und Text wider: Die Schülerin nimmt an, dass Gott unsichtbar sei. Gott scheint also für die Schülerin ein nicht klar definierbares Phänomen zu sein, das weder durch einen Körper noch durch einen Gegenstand dargestellt werden kann. Lediglich die Eigenschaften Gottes können von der Schülerin erfasst werden, seine Augen sind überall und können alles sehen. Gerade darin aber liegt die Unsichtbarkeit Gottes begründet.

---

[169] Auffallend ist in dieser Zeichnung, dass „Gottes Augen" nur in Elementen der Natur gezeichnet wurden. Die Straße weist keine Augen auf.

[170] Unterhalb der Bildbeschreibung befinden sich weitere Augen, die in der Interpretation nicht weiter berücksichtigt sind.

3.1.4.5. Komparative Analyse

Das Bild der Schülerin gibt in Zeichnung und Bildbeschreibung ihre Gottesvorstellung wieder. Obwohl sie sich kein genaues Bild von Gott machen will – Gott ist für sie nicht vorstellbar –, bringt sie körperliche Elemente ins Spiel. Die Schülerin beschreibt Gott aber nicht in Gänze als anthropomorph, sondern nennt Attribute, die menschliches Können und Wissen kategorial übersteigen. Indem sie versucht, das Nichtvorstellbare darstellbar zu machen, entwickelt sie ein eigenes Gottesbild, das seinerseits entfernte Anklänge an biblische Tradition enthält: *Gott ist „überall" und „allessehend" und „unsichtbar"*. Die Orientierung gibt zu erkennen, dass die Frage, ob man Gott bildlich darstellen darf, keinen Einfluss auf die konkrete Darstellung der Gottesvorstellung hat. Sie zeichnet Gott mit anthropomorphen Zügen, die sie abstrakt-symbolisch interpretiert.[171]

3.1.4.6. Typisierende Analyse

Gott wird in diesem Bild als der *allsehende, überall verweilende und unsichtbare Gott* dargestellt. Zugleich hat die Schülerin versucht, Eigenschaften von Gott, die nicht gezeichnet werden können, metaphorisch darzustellen. Sie bringt damit bildliche und textliche Aussagen in eine Ordnung, die ihr helfen, sich über die eigene Sicht auf das Gottesbild Klarheit zu verschaffen. Ob es dabei um die Darstellung des Nichtvorstellbaren geht oder um die Fokussierung auf weitere spezifische Funktionen, ist nicht entscheidbar. Die fast noch animistische Darstellung der Schöpfung lässt sich auf beide Perspektiven beziehen, die je auf ihre Weise ein Ringen um die Gottesvorstellung zum Ausdruck bringen. Sie bietet zugleich *eine* Lösung für das im Text angezeigte Grundproblem an. Dieses kann als Frage danach aufgefasst werden, *wie es Gott gelingt, mit Mensch und Schöpfung in Kontakt zu bleiben.*

---

[171] Zu Möglichkeiten des Umgangs mit dem Bilderverbot vgl. Maull 2017, 75–78.

3.1.5 Eem (12 Jahre)

3.1.5.1. Formulierende Interpretation

Vorikonographische Ebene

Abbildung 9: Bild von Eem

Zum Bildvordergrund

Der Bildvordergrund ist von einer Menschenansammlung geprägt, deren einzelne Glieder wie Strichmännchen gezeichnet sind. Die Menschenmenge befindet sich auf einer rund geschwungenen Straße. Einzelne Personen gehen hintereinander her und laufen auf den rechten Bildrand zu. Etwas links von der Mitte steht ein Redner an einem Rednerpult. Es ist mit einem Stern verziert. Hinter dem Pult steht eine wie ein Strichmännchen gezeichnete Figur. Links davon ist eine Gestalt mit Schirmmütze zu sehen, die ein Gewehr in den Händen hält. Daneben befinden sich Figuren, von denen zwei ebenfalls eine Schirmmütze tragen. Zwischen ihnen hält ein Auto mit der Aufschrift „Police". Ganz links sind weitere Gestalten zu sehen, die linke Figur hält ein Schild hoch und tritt in eine Interaktion mit einem weiteren Strichmännchen.

Rechts vom Rednerpult befinden sich zwei Gestalten mit Mikrofon bzw. Kamera. Dahinter ein weiteres Auto mit der Aufschrift „Police". Daneben sind neun weitere Strichmännchen zu sehen – zum Teil mit Schildern in den Händen. In der rechten Bildecke befinden sich weitere Figuren mit Schirmmützen, einem Gewehr bzw. einem Koffer. In der Mitte des Bildes ragt ein größeres Gebäude mit der Aufschrift „Town hall" heraus. Es ist von Bäumen umgeben. Das Bild wurde mit einem Füller angefertigt.

Zum Bildhintergrund

Der Hintergrund des Bildes ist von einer Skyline geprägt, die sich über die gesamte Bildbreite erstreckt. Im oberen Drittel des Bildes, oberhalb der Skyline halten sich Vögel und Wolken auf, die Sonne steht darüber.

Ikonographische Elemente: Common Sense Typisierung

Die Menschenmenge weist deutliche Parallelen zu einer öffentlichen politischen Versammlung auf: Eine erhebliche Zahl von Personen hält Transparente und Schilder mit den Händen hoch. Diese Menschen werden von anderen Personen zurückgehalten. Bei diesen Personen mit Schirmmützen dürfte es sich um Polizisten handeln, die die Menschenansammlung mit Gewehren in Schach zu halten suchen. Ziel ihres Agierens scheint eine Person, die sich hinter dem Rednerpult befindet und offenbar zu schützen ist. Diese Person scheint – in Anbetracht des Umstandes, dass sie sich vor einem Rathaus befindet – ein hohes Mitglied einer städtischen, regionalen oder nationalen Regierung dar. Die beiden Figuren rechts von der Gestalt am Rednerpult lassen sich als Reporterteam deuten, die die Ansprache aufzeichnen. Insofern im Hintergrund eine die gesamte Bildbreite einnehmende, hohe Skyline eingezeichnet ist, lässt sich begründet vermuten, dass hier insgesamt eine politische Kundgebung in einer Großstadt abgebildet ist. Allerdings lässt sich nicht entscheiden, ob die übrigen Personen zugunsten des Redners eintreten oder ob es sich um eine Gegendemonstration handelt.

Die Szene erinnert – auch aufgrund des verwendeten Zeichenstiles – an einen Comic wie etwa Gotham City.[172] Das Gebäude mit der Aufschrift

---

[172]https://web.archive.org/web/20070403033153/http://www.batcave.stop-klatka.pl/grafa/batman/gotham.jpg [Abruf: 28.10.2019]

„Town hall" lässt von seinem architektonischen Aufbau her das amerikanische Kapitol assoziieren.

3.1.5.2. Reflektierende Interpretation

Formale Komposition

Abbildung 10: Planimetrische Komposition von Eem

Die Gesamtkomposition des Bildes durchziehen mehrere Linien, die Verbindungen zwischen den als Strichmännchen gezeichneten Figuren herstellen. Exemplarisch sei auf jene Linie verwiesen, die zwischen der Figur hinter dem Rednerpult in der Mitte des Bildes und dem Reporterteam rechts davon, verläuft. Aufgrund dieser Linienführung tritt die Tiefe des Bildes nicht nur an dieser Stelle hervor: Das Bild lebt von diesen Verbindungen zwischen einzelnen Figuren. Es bezieht hieraus seine Lebhaftigkeit und Dynamik.

Eine vertikale Linie führt von der Fahne mit der Aufschrift „Town hall" herunter zur Person hinter dem Rednerpult. Sie enthüllt eine Verbindung zwischen Gebäude und Figur und weist darauf hin, dass der Redner mit dem Gebäude in spezifischer Weise verbunden ist. Um welche

Art von Beziehung es sich handelt, ist an dieser Stelle nicht zu präzisieren: engere und distanziertere Abschattungen liegen im Bereich des Möglichen.

Insgesamt lässt sich das Bild in drei Ebenen einteilen, die durch horizontal verlaufende Linien voneinander abgetrennt sind. Der untere Abschnitt enthält die Beschriftung des Bildes, jenen Satz, mit dem die Schüler*innen ihr Gottesbild beschreiben sollten, auf dem mittleren Teil befindet sich die Menschenansammlung in der Stadt und über den oberen Abschnitt erstreckt sich der Himmel.

Szenische Choreographie

Die Menschenmenge ist in der Mitte fokussiert und erstreckt sich über die gesamte Bildbreite. Im Bildhintergrund sind Skyline und Himmel spezifisch angeordnet: Das Geschehen ist mittig konzentriert, der Blick des Bildbetrachters wird auf das Gewusel der Menschenmenge gelenkt, ohne dass einzelne Personen stärker fokussiert werden könnten. Die Skyline ist nur angedeutet, so dass auch hier ein Eindruck von Tiefe im Bild entsteht. Durch die Anordnung der einzelnen Elemente wird deutlich, dass sich die Zeichnung nicht nur auf eine große Stadt zentriert, in der sich viele Menschen aufhalten, sondern, dass es bei der Menschenversammlung vor der „Town hall" um etwas Wichtiges geht.

Perspektivische Projektion

Das Bild ist in der Zentralperspektive gezeichnet, allerdings stellt keine der gezeichneten Figuren einen Blickkontakt mit dem Bildbetrachter her. Dadurch entsteht der Eindruck, dass ihm nur ein flüchtiger Blick auf die Versammlung gestattet wird. Der Bildbetrachter ist lediglich Zuschauer, die Szene entwickelt sich wie ein Film vor seinen Augen.

Ikonische Interpretation

Das Bild zeigt eine offensichtlich bewegte, wenn nicht sogar erregte Menschenmenge. Dabei kann nicht ganz genau festgestellt werden, ob es sich um eine Demonstration für oder gegen jene mittig positionierte Person handelt. Sie steht am Rednerpult und hält eine öffentliche Ansprache. Dabei wird sie von bewaffneten Polizisten beschützt, Reporter machen Bilder von ihr und Notizen zu der Rede.

Es wird allerdings zunächst nicht deutlich, was oder wer in diesem Bild die Gottesvorstellung zur Sprache bringt. So könnte sich Gott hinter der Person am Rednerpult verbergen. Sofern man sich auf diese Variante einlässt, überträgt sich auf Gott jene Rastlosigkeit, die von der Menschenmenge mit ihren Transparenten ausgeht.

Es ist aber auch möglich, von einer Betonung des Bruchs mit anthropomorphen Darstellungen Gottes auszugehen: Indem Gott als Strichmännchen dargestellt ist, befindet er sich mitten unter den Menschen und wird als *einer von ihnen* inszeniert. Dann allerdings dürfte der Fokus auf der Menschenmenge in der Großstadt liegen, die eine basale Unruhe verströmt. Die Bewegungen der Menschenansammlung ziehen den Bildbeobachter in das Getümmel hinein.

Es lässt sich schließlich nicht entscheiden, ob die wichtige Person hinter dem Rednerpult als Auslöser dieser gesteigerten Unruhe gelten kann oder ob sie versucht, auf die Menschenmenge mäßigend einzuwirken. Bei der von dem Schüler gemalten Szene könnte es sich insofern durchaus um eine Kundgebung eines amerikanischen Präsidenten – wie etwa Donald Trump oder Barack Obama – handeln, die von (Gegen-) Demonstranten besucht wird. Das Bild spiegelt dann eine politische oder soziale Umbruchs- und Aufbruchsbewegung wider.

3.1.5.3. Formulierende Textinterpretation

Ich stelle mir Gott vor wie ein Präsident. Weil er der mächtigste man der Welt ist wie ein Präsident.

Der Schüler hat in seiner individuellen Vorstellung Gott als Präsidenten gemalt. Er ist nicht unbedingt mit ihm identisch, teilt aber jene Eigenschaften mit ihm, die einen Präsidenten gegenüber dem gewöhnlichen Bürger auszeichnen. So ist seine Macht qua Amt erheblich. Auch erstreckt sich der Machtbereich des Präsidenten weniger auf die demonstrierenden Menschen als von seinem Anspruch her auf die ganze Welt. Es bleibt allerdings unklar, ob der Präsident im Dienst einer größeren Macht steht oder ob im Wesentlichen eine vergleichende Beschreibung gemeint ist.

3.1.5.4. Reflektierende Textinterpretation

Der Schüler proponiert in seiner Bildbeschreibung, dass er sich Gott *wie* einen Präsidenten vorstelle. Er geht also nicht davon aus, dass Gott so ist. Die anschließende Elaboration, dass Gott der Präsident sei, weil „*er der mächtigste man der Welt ist*", akzentuiert im Modus der Begründung *weniger eine globale Verantwortung* als vielmehr *einen Anspruch gegenüber der Welt*. Die Konklusion „wie ein Präsident" nimmt die Proposition wieder auf und zeigt damit an, dass die Darstellung des Präsidenten idealtypische Funktionen übernommen hat. *Gott ist aus dieser Perspektive die höchste (politische) Macht, sofern er die Menschen auf Erden leitet.*

3.1.5.5. Komparative Analyse

Gott wird in diesem Bild nicht nur als Präsident dargestellt. Er gilt auch als *„mächtigster man"*. Die attributive Aussage ist an das männliche Geschlecht geknüpft. Dabei versucht die Figur hinter dem Rednerpult, Ordnung in Strukturen zu bringen und Veränderungen zu erreichen. Gleichwohl lässt sich nicht entscheiden, ob der Redner am Stehpult von den Umstehenden begeistert gefeiert wird oder ob sich der Aufmarsch gegen dessen Rede richtet. Aber auch wenn unklar scheint, ob dieser Präsident seinen Aufgaben gerecht wird oder allfälliges Chaos stiftet, so bleibt der Präsident herausgehobene Gestalt. Der Vergleich von Bild und Text klärt vor allem die Bildproblematik: Gott ist zwar ein Mensch unter anderen Menschen, aber in der gesellschaftlichen Hierarchie über sie empor gehoben. Die mächtige Führerposition wird betont. In der Orientierung fokussiert er die Anerkennung von Gott als Respektsperson.

3.1.5.6. Typisierende Analyse

Die Gottesvorstellung von diesem Schüler entspricht einer Beschreibung von *Gott als Führer*, der die Menschen leitet und lenkt, weil er die Macht dazu hat. Damit greift Eem eine Darstellungsform auf, die bereits Bkw hatte anklingen lassen: Gott ist ein Anführer. Während allerdings Bkw auf den einen Führer zum Guten gesetzt hatte, geht es hier um jene Macht, die Chaos verhindern kann. Zwar bleiben Zweifel erhalten, die sich auf die Art seines Führens und Wirkens beziehen: Sorgt Gott für Ordnung oder stiftet er nicht auch zum Chaos an? Bild und Beschreibung deuten aber an, dass hier nicht auf Gewalt verzichtet wird, sondern dass es um eine ganz konkrete Frage geht: *Wie gelingt es Gott, inmitten von Chaos Ordnung zu schaffen?*

3.1.6 Fem (12 Jahre)

3.1.6.1. Formulierende Interpretation

Vorikonographische Ebene

Abbildung 11: Bild von Fem

Zum Bildvordergrund

Im Vordergrund des Bildes ist eine menschenähnliche Figur dargestellt. Die Gestalt ist – wie das ganze Bild – mit Füller gezeichnet. Die menschenähnliche Figur hat einen kreisrunden Kopf und trägt einen langen Bart. Hinter dem Bart kommt ein grinsender Mund hervor. Im Gesicht sind zwei Augen zu sehen, wobei das rechte Auge – vom Stand des Bildbetrachters aus – orange ausgemalt worden ist. Das linke Auge wird von einer Augenklappe verdeckt. An den Kopf schließt sich ein ovaler Körper an, aus dem zwei Beine ohne Füße sowie zwei strichartig gezeichnete dünne Arme hervorragen. Vom Standpunkt des Bildbetrachters aus lässt sich eine linke Hand nicht erkennen, die rechte Hand hält einen flaschenähnlichen Gegenstand fest. Um den Körper herum ist

eine Linie gezeichnet, die an der rechten Köperseite nach unten verläuft. Der linke Arm hält eine Flasche, in der rechten Hand ist eine Zigarre zu sehen, aus der Qualm aufzusteigen scheint. Über der menschenähnlichen Figur steht „Boss gott" und rechts daneben befindet
sich ein Pfeil, der auf die Gestalt deutet. Er trägt den Zusatz „Übertriben
da gestelt".

Zum Bildhintergrund

Der Bildhintergrund erstreckt sich über den linken oberen Teil des Bildes. Dieser Teil ist durch eine wolkenähnliche Linie vom Bildvordergrund getrennt. In dieser abgetrennten Fläche sind fünf Figuren gemalt
mit der Unterschrift „Nebengötter". Sie halten allesamt Waffen in ihren
Händen: einen Speer, einen Dreizack, einen Pfeil sowie einen Bogen.
Zwei der fünf Personen sind mit Bärten dargestellt.

Ikonographische Elemente: Common Sense Typisierung

Die menschliche Figur mit der Bezeichnung „Boss gott" kann aufgrund
der gezeichneten Artefakte – wie einer Flasche in der linken Hand sowie der Zigarre in der rechten Hand – als ein „Rocker-" oder „Pira-
tengott" bezeichnet werden. Typische Common Sense Symbole – eine
Augenklappe, eine qualmende Zigarre, aber auch eine Flasche, vermutlich mit Bier gefüllt – sind hier zu sehen. Während die Nebengötter allesamt Waffen in den Händen halten, stellt die Zentralfigur in aktivem
Gebrauch befindliche Genussmittel zur Schau.

3.1.6.2. Reflektierende Interpretation

Formale Komposition

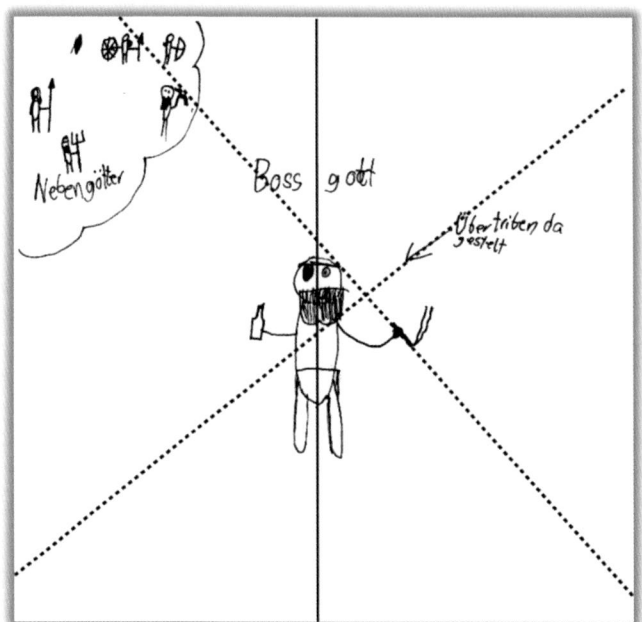

Abbildung 12: Planimetrische Komposition von Fem

Planimetrische Komposition

Die Gesamtkomposition des Bildes ist geprägt durch eine vertikale Linie, die durch die Beschriftung „Boss gott" und die menschenähnliche Figur verläuft. Eine weitere Linie durchzieht das Bild diagonal durch die zweite Beschriftung „Übertriben da gestelt", sowie den Pfeil, der auf die menschenähnliche Figur zeigt. Eine weitere diagonale Linie erstreckt sich von der qualmenden Zigarre durch das orange ausgemalte Auge der Figur bis zu den „Nebengöttern" hin. Hier wird die Verbindung zwischen der in den Fokus des Bildes gerückten zentralen Figur sowie den Strichmännchen in der linken oberen Ecke des Bildes sichtbar. Die planimetrischen Linienführungen rücken die Person auch geometrisch in den Mittelpunkt des Bildes.

Szenische Choreographie

Die Figur ist genau im Zentrum der bildlichen Komposition platziert. Dies wird durch die überschriftähnliche Beschreibung „Boss gott" sowie durch den auf sie gerichteten Pfeil der zweiten Bildbeschreibung „Übertriben da gestellt" ausdrücklich unterstrichen. Die Nebengötter blicken den Bildbetrachter an. Einer von ihnen, derjenige, der einen Bogen spannt, ist nach rechts gewendet.

Perspektivische Projektion

Die menschenähnliche Figur, die den Vordergrund dominiert, ist in Zentralperspektive gezeichnet. Sie befindet sich auf Augenhöhe des Bildbetrachters und zieht den Blickkontakt auf sich. Die Nebengötter befinden sich tendenziell abgerückt in der linken oberen Bildecke. Um sie wahrzunehmen, muss man den Blick ausdrücklich nach oben richten.

Ikonische Interpretation

In und an der herausgehobenen Position der menschenähnlichen Figur wird ein Bruch im Sinne einer Dissonanz der Stilelemente sichtbar. Die Beschriftung „Boss gott" markiert eine ungewöhnliche, nichtsdestoweniger spezifische Vorstellung von Gott. Der Bruch zeigt sich insbesondere in der Art der Darstellung: Gott ist einerseits als Mann mit langem Bart, andererseits als Person mit Augenklappe gezeichnet. Er erscheint als eine Art Rocker, der sich eine Zigarrenpause gönnt. Und auch die Bierflasche trägt dazu bei, dass man die Herkunft dieser Person tendenziell in einem prekären Umfeld vermuten dürfte. Die Darstellung verwendet klischeehafte Elemente. Sie unterläuft traditionelle Gottesbilder, Elemente, die auf eine göttliche oder himmlische Sphäre hindeuten, enthält sie nicht. Die unkonventionelle Gestalt richtet sich nicht nach bürgerlichen Regeln, sie orientiert sich auch nicht an klassischer Spießigkeit, sondern geht in ihren eigenen, menschlichen Bedürfnissen auf. Dabei scheint sie sich in einer rebellierenden Haltung einzurichten. Sie befriedigt ihre Gelüste und tut nur das, was sie tun möchte. Allein die Bildbeschriftung „Übertriben da gestellt" führt hier zu einer spezifischen Interpretation zurück. Der Schüler nimmt der Gottesdarstellung etwas von ihrer impliziten Kritik. Er weist darauf hin, dass hier keine reine Schilderung eines Rockerlebens, sondern eine bewusste Provokation vollzogen wurde, die um ihre Wirkungen weiß.

Eine zweite Spannung fällt bei der Darstellung der Nebengötter ins Auge. Sie halten vor- bzw. frühsteinzeitliche Waffen in den Händen. Die Gestalten scheinen germanischem oder römischem Götterkult entsprungen. Die Existenz der Nebengötter sendet die Botschaft aus, dass Gott nicht allein regieren kann, sondern dass neben ihm weitere Götter ins Spiel kommen. Das Problem einer Verabschiedung christlicher Traditionen scheint angesprochen. Gleichwohl nimmt die Zeichnung Gewichtungen vor: zwischen Gott und Nebengöttern ist zu unterscheiden.

3.1.6.3. Formulierende Textinterpretation

Für mich gibt es mehrere götter (Nebengötter) sind nämlich da das gott sich ausruhen kann. Zur zeit gibt es für mich den rad der götter. Ich denke das gott sich aus ruht weil zur zeit gibt es so viele Krige.

Der Schüler hat in seinem Bild seine individuelle Gottesvorstellung gemalt: Für ihn gibt es mehrere Götter. Die Nebengötter existieren, damit sich Gott ausruhen kann. Es muss mehrere Götter geben, damit Gott seinen menschlichen Bedürfnissen nachgehen kann. Gott wird demnach vermenschlicht. Er kann nicht alleine handeln. In seinem Zustand scheint er nicht allmächtig zu sein. Da er durch einen „rad" aus Stellvertretern entlastet wird, kann er sich aber nicht nur ausruhen. Sein Ausruhen hat Folgen, denn der Schüler fügt hinzu, dass es gerade „so viele Krige" gibt.

3.1.6.4. Reflektierende Textinterpretation

Der Schüler proponiert, dass es mehrere Götter gibt. Seine Elaboration liefert im Modus der Erläuterung die Begründung nach: auch Gott hat ein Recht auf Regeneration. Im Modus der ergänzenden Erläuterung elaboriert der Schüler, dass es zu einem institutionalisierten Zusammenschluss der Nebengötter („rad") gekommen ist. Der Schüler konkludiert, dass Gott offensichtlich gerade die Vorzüge dieser Einrichtung in Anspruch nimmt. Im Anschluss erfolgt nun aber eine fast regelgerechte Transposition: *Der Zustand der Welt deutet an, dass der Rat der Nebengötter Gott nicht vollwertig ersetzen kann.* Das Zusammenspiel von Konklusion und Transposition generiert eine Antwort, die das Nachdenken über den Zusammenhang von Gottes Handeln und den Zustand der Welt als neue Frage evoziert: *Hat die gegenwärtige Welterfahrung etwa mit Gottes Ruhebedürfnis zu tun?*

3.1.6.5. Komparative Analyse

Auffallend ist, dass der Schüler eine individuelle Vorstellung darstellt und unmittelbar begründet. Leid und Elend, die mit dem Krieg verbunden sind, entstehen dadurch, dass Gott sich aus Regenerationsgründen zurückgezogen hat. Der Schüler entwickelt offensichtlich zwei verschiedene, logisch erscheinende Erklärungen für leidvolle Zustände in der Welt. Zum einen im Bereich von Gottes Wesen: Gott ruht sich aus, er mag unfehlbar oder allmächtig sein, kann sich aber eigenen Bedürfnissen nicht verschließen. Zum anderen im Bereich von Gottes Handeln: Gott ist nicht einfach durch andere Personen ersetzbar. Die ihn vertretenden Personen haben offenbar weniger Macht als er bzw. es scheint ihnen nicht zu gelingen, Kriege zu verhindern. Der Schüler bedient mit dieser doppelten Argumentation indirekt ein positives Gottesverständnis: Weil Gott sich ausruht und der Rat der Götter, der stellvertretend für ihn handelt, seine Aufgaben alles andere als erfüllen kann, ist die Welt ins friedlose Chaos gestürzt. Die Orientierung zeigt ein Interesse an der (logischen) Erklärung spannungsvoller Erfahrungen.

3.1.6.6. Typisierende Analyse

Die Vorstellung von Gott so wie sie sich in Bild und Beschreibung imponiert, zeigt Gott als *einen ruhebedürftigen Retter*. Gott erscheint als *ein Mensch*, der ähnliche Bedürfnisse hat und menschliche Schwächen teilt. Das Bild und die Beschreibung stellen eine Lösung dar, die allgemeinere Ängste und Sorgen aufnimmt. Damit hebt sich Fems Darstellung von seinen Altersgenossen insofern ab, als er eine individuelle Lösung für ein Problem gefunden hat, dessen Inkubationszeit gemeinhin erst in der Adoleszenz zu Ende ist.[173]

Die Antwort, die Bild und Text andeuten, lässt schließlich neues Fragen entstehen. Wenn die Frage nach dem Leid in der Welt nicht länger an Gott selbst zu richten ist, sondern an die, die ihn ersetzen müssen, dann könnte es sein, dass Gott hier vermenschlicht ist, um seine Göttlichkeit zu entlasten. Gott wäre mit menschlichen Bedürfnissen dargestellt, um

---

[173] Zum Problem der Theodizee, die als religiöser Grundkonflikt im Hintergrund steht, vgl. Simojoki 2009, 63–72; Nipkow 2010, 108–110.

in seinem Handeln er selbst bleiben zu können. Die implizite Frage lautet dann: *Wie kann Gott angesichts von Leid und Elend er selbst bleiben?*

3.2. Die Gottesbilder der Sechstklässler

3.2.1. Gott in seiner Beziehung zu den Menschen: anthropomorphe und symbolische Darstellungen[174]

Als kurze Zwischenbilanz der Gottesbilder von den Sechstklässlern kann festgehalten werden, dass das Gottesbild durchweg *positiv* ist. Auf zwei Bildern (Akw, Dkw) ist Gott in symbolischer Form (Mond, Augen) gezeichnet worden, auf vier Bildern (Bkw, Ckw, Eem, Fem) in anthropomorpher Gestalt (abgerücktes Männchen ohne Arme mit Nase, Hirte mit Stab, Präsident am Stehpult, Gott mit Zigarre und Bierflasche).[175] Mit Ausnahme von Bkw und bedingt Ckw weisen alle Bilder die Zentralperspektive auf, auch ist das Gemalte in fast allen Fällen mittig verordnet. Bei aller Vorsicht wird man hieraus schließen können, dass die Frage nach der räumlichen Darstellung nicht als Nebensächlichkeit betrachtet werden kann.

Die Gottesbilder können – bereits auf der Ebene der Bildinterpretation – mit Attributen wie *Schutz*, *Hilfe* und *Macht* beschrieben werden. Lediglich das Bild von Fem sticht heraus, der Gott zwar als Mensch mit menschlichen Schwächen und Bedürfnissen zeigt, ihn aber ausdrücklich als „Boss gott" bezeichnet und damit als den Nebengöttern überlegen ausweist.

Es ist auffallend, dass die Sechstklässler Gott in keiner *persönlichen Beziehung* gemalt haben, sondern Gott aus der Perspektive von distanzierteren Betrachter*innen darstellen.[176]

---

[174] Wir setzen voraus, dass die Herausarbeitung eines symbolischen oder anthropomorphen Gottesbildes nicht unmittelbar Aussagen über die Art der religiösen Sozialisation zulässt. Vgl. Maull 2017, 68.

[175] Die Grenzen zwischen anthropomorphen und symbolischen Gottesbildern dissoziieren sich. Vgl. Maull 2017, 68.

[176] Maull verweist auf eine gewisse Andersartigkeit. Vgl. Maull 2017, 128.

3.2.2. Gottes Wirken durch die Dinge

Auffällig ist, dass die Bilder einzelne Körperteile besonders betonen: Augen, die den Menschen leuchten; die Nase als Organ, das das Innere der Menschen erkennt; die Augen als hybride Elemente, die Gottes Wirken mit menschlichen Funktionen in Beziehung setzen.

Entsprechendes gilt auch für Gegenstände: der Stab als Zeichen der Führers, mit dem für die Erde gesorgt ist, das Stehpult des Präsidenten, das seine Macht über die Welt zum Ausdruck bringt, Bierflasche und Zigarre, die Gott als ruhebedürftigen Genussmenschen auszeichnen und erklären, warum er zeitweilig anderen die Geschicke der Welt überlässt.

Während in einigen Fällen die spezifischen Dinge Eigenschaften und Bedürfnisse Gottes selbst anzeigen (Augen bei Dkw, Stehpult bei Eem, Bierflasche und Zigarre bei Fem), haben andere Dinge direkten Einfluss auf die Menschen bzw. das Weltgeschehen: leuchtende Augen bei Akw, die Nase bei Bkw, der Stab bei Ckw. Es besteht ein unterschwelliges Interesse, zwischen Gottes Wesen und seinem Handeln zu unterscheiden bzw. es wird von den Schüler*innen entsprechend differenziert.

Dinge oder Körperteile haben eine spezifische Funktion: Gott tritt nicht direkt mit der Welt in Kontakt, sondern er bedient sich der Gegenstände, die ihm helfen, Wege zur Welt und zu den Menschen aufzuschließen. Zugänge zum Wesen Gottes bzw. zu seinem Handeln eröffnen sich nicht direkt, sondern in einer durch Dinge oder Körperteile vermittelten Form. Dies dürfte nicht ohne Folgen für den Umgang mit bzw. den Gebrauch von Gottesbildern bleiben.

3.2.3. Brüche in den Darstellungen der Sechstklässler[177]

Im Folgenden sollen die Brüche in den Bildern der Sechstklässler in Entsprechung zu den vorab gebildeten Kategorien näher beschrieben werden.

In die *erste* Kategorie – das Bild zeigt eine abweichende Darstellung vom *herkömmlich-traditionellen Gottesbild* auf – können die Bilder von Akw, Dkw, Eem und Fem eingeordnet werden, die Gott entweder

---

[177] An dieser Stelle werden unter Berücksichtigung der komparativen Analyse insbesondere die Ergebnisse der dokumentarischen Bildinterpretation zusammengefasst und auf die Frage nach Gottes Wesen fokussiert.

symbolisch darstellen oder ihn in die – natürliche oder medial vermittelte – Alltagswelt hinein holen. Und selbst die an herkömmlich-traditionellen Vorstellungen orientierten Bilder von Bkw und Ckw zeigen Gott nicht mit weißem Bart und Gewand. Einzelne Zeichnungen deuten an, dass die Schüler*innen begonnen haben, sich kritisch-konstruktiv mit herkömmlich-traditionellen Gottesbildern auseinander zu setzen.

Die *zweite* Kategorie – das Bild zeigt einen thematischen Bruch im Bild auf – bedienen die Bilder von Akw, Ckw, Dkw und Fem. Im Wesentlichen handelt es sich dabei um eine stilistische Dissonanz: So fügt sich das Kindchenschema nicht in eine kosmologische Darstellung von Gott als Mond (Akw). Das Nebeneinander von ländlicher Einfachheit und sichtbarem Reichtum (Ckw) entbirgt eine ähnliche Spannung wie die animistische Beäugung der Natur (Dkw). Die Darstellung Gottes als cooler Rockertyp ist explizit als übertrieben angesprochen. Die spannungsvollen Darstellungen unterlaufen eine erste Aussageabsicht, der gegenüber sie zumindest eine Unsicherheit oder ein Befremden thematisieren.

Der *dritten* Kategorie – das Bild zeigt eine Divergenz zwischen Bild und Bildbeschreibung – lassen sich die Bilder von Bkw, Eem und Fem zuordnen. Dabei unterlaufen, kritisieren und korrigieren die schriftlichen Äußerungen Vorstellungen, die in den Zeichnungen enthalten sind: Gott urteilt mit geschlossenen Augen über den inneren Menschen (Bkw), ein mächtiger Präsident wird von Chaos eingeholt (Eem) und ein aus seiner eigentümlichen Rolle ausbrechender Rockergott wird von seinen Stellvertretern kaum angemessen vertreten (Fem). Die Gottesvorstellungen zeigen Spannungen auf, die sich aus der Gegenüberstellung von Gottes Handeln und menschlichem Verhalten bzw. dem Zustand der Welt ergeben.

Die Bilder und ihre Beschreibungen können gelegentlich mehrere Brüche enthalten. Die bildlichen Darstellungen weichen von herkömmlichen Formen des kindlichen Gottesbildes ab.

Der erläuternde Text relativiert die im- oder expliziten Provokationen durch spezifische Erklärungen, die an biblisch- oder zumindest christlich-traditionelle Elemente[178] erinnern: Gott schützt die Menschen, er ist kein menschliches Wesen, er interagiert als Allwissender oder gilt als grundsätzlich allmächtig. Die Schüler*innen scheinen allzu kühne Bilder nachträglich zu korrigieren.[179] Ihre Korrekturen deuten an, dass unterschwellig um einen Ausgleich mit traditionelleren Vorstellungen gerungen wird.

Das Erarbeiten einer eigenen Gottesvorstellung vollzieht sich zwischen expliziter Provokation oder Kühnheit und impliziter Orientierung an der herkömmlichen oder einer im weitesten Sinne christlichen Tradition.

3.3. Gottesvorstellungen der Sechstklässler[180]

3.3.1. Zum Umgang mit spezifischen Eigenschaften der Gottesbilder[181]

Zwar weist keine der Bruchzeichnungen explizite Elemente christlich-biblischer Traditionen auf. Die entsprechenden Gottesbilder nehmen aber implizit auf einzelne Eigenschaften dieser traditionellen Gottesbilder Bezug. Dabei entbirgt sich dieser Zug der Bruchbilder zumeist erst auf der Ebene der komparativen Analyse.

---

[178] Es wird an dieser Stelle deutlich, dass zwischen verschiedenen Formen des traditionellen Gottesbildes zu unterscheiden ist. Dabei handelt es sich zum einen um herkömmlich-traditionelle Darstellungen, zum anderen um biblisch- oder christlich-traditionelle Vorstellungen. Sofern sich die Art der Unterscheidung aus dem jeweiligen Kontext ergibt, wird sie im Folgenden nicht weiter problematisiert.

[179] Aus welchem Grund dies jeweils geschieht – Anpassung an die Klassenöffentlichkeit, Rücksicht auf die eigene Sozialisation, logische Prüfung – lässt sich nicht entscheiden. Zumal die Aufgabenstellung jedes „richtig" oder „falsch" explizit zurückgewiesen hatte.

[180] Die Ausführungen erfolgen in den Kap. 3.3. und 3.6. – im Unterschied zu den strukturell-systemtheoretisch organisierten Äußerungen religiöser und theologischer Rede in Kap. 4.1 bzw. 4.2. – weiterhin aus einer latent akteurszentrierten Perspektive.

[181] An dieser Stelle werden unter Berücksichtigung der komparativen Analyse insbesondere die Ergebnisse der dokumentarischen Textinterpretation zusammengefasst und auf die Frage nach Gottes Wesen fokussiert.

Im Folgenden sind diese Aspekte noch einmal konzentriert zu beschreiben. Dabei orientiert sich eine die einzelnen Informationen verdichtende Analyse an dem mehrfach aufgewiesenen Befund, dass zwischen Gottes Wesen und seinem Handeln mindestens implizit zu unterscheiden ist.[182]

3.3.1.1. Gott als fürsorglicher Helfer

Der lächelnde Mond bewegt sich von sich aus auf die Menschen zu. Dem Bild liegt eine Vorstellung von Gottes Wesen zugrunde, derzufolge er Menschen Schutz gewährt. Diese Eigenschaft wird dadurch zur Sprache gebracht, dass das strahlende Licht des Mondes nicht nur allen Menschen den Weg erhellt, sondern insbesondere jenen, die sein Licht benötigen (Akw). Seine Fürsorglichkeit scheint aber auf den Zeitraum der Dunkelheit begrenzt.

Die schwebende, auf den Betrachter von oben herabschauende Gestalt ist den Menschen nicht nur durch ihre spezifische Perspektive überlegen. Selbst, wenn Gott seine Augen geschlossen hält, lassen ihn seine übrigen Organe nicht im Stich: Gott kann man nicht täuschen (Bkw). Die Beschreibung thematisiert jedoch keine distanziert überlegene Haltung, sondern die Absicht, denjenigen zu helfen, die es aus moralischen Gründen nötig haben oder denen etwas fehlt. Die Schülerin bringt ihre Vorstellungen über Gottes Absichten auf eine Weise ins Gespräch, dass die Weisheit Gottes auch für andere in Erscheinung tritt. Konkretisiert werden jene Eigenschaften, die allein vom außen nicht erkannt werden können.

3.3.1.2. Gott als guter Führer

Ckw entwickelt anthropomorphe Eigenschaften aus gegenständlichen Elementen. Während das Bild eine Spannung anzeigt, insistiert die schriftliche Beschreibung auf Gottes idealen guten Absichten. Die Künstlerin greift dabei auf biblisch-traditionelle Eigenschaften Gottes zurück. Mit Weisheit, vor allem aber eigener Güte erreicht Gott das Gute.

---

[182] Vgl. 3.1.1.6., 3.1.2.2., 3.1.2.5., 3.1.4.2., 3.1.4.4., 3.1.5.3., 3.1.6.5., aber auch 3.2.2.

Dabei kann auch ein partieller Verzicht zur Einsicht in die Notwendigkeit der Realisierung traditioneller Eigenschaften führen. Die Figur hinter dem Rednerpult symbolisiert zwar Ordnung in gewachsenen Strukturen, sie versucht aber nicht qua Amts- oder Staatsgewalt Veränderungen herbei zu führen. Als „mächtigster man" könnte der Präsident das
um ihn herum tobende Chaos zum Schweigen bringen. Er scheint aber
alles zu unterlassen, was der Ausübung von (All-)Macht dient.[183] Relativ betrachtet führt gerade ein Verzicht auf Anwendung von Gewalt zu
größerem Einfluss, weil er von Verantwortung zeugt (Eem).[184]

3.3.1.3. Gott als allwissender Experte

Die Vorstellung der „Beäugung" von Welt und Mitwelt scheint zu helfen, die eigene Gottesvorstellung in Form anthropomorph-symboli-
scher Gestalt ins Spiel zu bringen: Gottes Augenpaar ist „überall", „alles sehend" und lässt sein Wesen gerade dadurch „unsichtbar" bleiben
(Dkw). Obwohl Gott für die Zeichnerin nicht vorstellbar ist, nennt und
zeichnet sie Attribute, die in Form menschlicher Elemente auf göttliche
Eigenschaften verweisen. Indem sie ihre Vorstellungsunfähigkeit pro-
beweise abbildet, entwickelt sie ein eigenes Gottesbild, das sich in einer
Auseinandersetzung mit traditionellen Elementen formt: Gott ist „überall" und „alles sehend" und „unsichtbar".

Gott erscheint auch als eine Gestalt, die um ihre Grenzen weiß. Dabei
muss er sich zurückziehen, um sich selbst regenerieren zu können
(Fem). Seine mangelnde Präsenz in der Welt hat gravierende Folgen für
ihre Gesamtsituation. Seine Fähigkeiten sind durch niemanden zu ersetzen. Den mit seiner Vertretung beauftragten Personen gelingt es offensichtlich nicht, den Weltfrieden herzustellen. Auch wenn sich der
Zeichner Gott mit überaus menschlichen Bedürfnissen vorstellt, so
zeigt die Bild und Kommentierung insgesamt zugrunde liegende Vorstellung Anderes an: Gott muss sich der Welt entziehen, damit seine
Bedeutung offensichtlich werden kann. Gott trägt menschlich, allzu

---

[183] Wittekind macht darauf aufmerksam, dass die Rede von Gottes Absolutheit
nur im Rahmen religiöser Rede sinnvoll sei. Die Unveränderlichkeit Gottes
betrifft in diesem Sinne auch das religiöse Feld, in dem eine Aussage getroffen
wird. Wittekind 2018, 90–91.
[184] Dies gilt, obschon die Frage nach der Herkunft des Chaos unentschieden
bleibt. Vgl. 3.1.5.5.

menschliche Züge, damit er er selbst – und das heißt Gott – bleiben kann.

3.3.1.4. Bemerkungen

Die verdichtete Fokussierung auf Gottes Wesen ergibt, dass traditionelle Zuschreibungen im Rahmen der komparativen Analyse auf spezifische Weise ins Spiel kommen: Gott erscheint als Helfer, der mit schützender Funktion oder Weitsicht ausgestattet ist. Er fühlt sich für ordentliche Verhältnisse verantwortlich und er hilft Folgen zu antizipieren, die seine Abwesenheit verursacht oder verursachen könnte.

In den sprachlich korrigierten Bildern begegnen spezifische Gedanken zu Gottes Wesen, die sich von den Schüler*innen nicht oder noch nicht explizit formulieren lassen. Sie scheinen den Einzelnen zu „neu", zu verfremdend zu sein. Damit dürfte aber eine Ebene betroffen sein, die jenseits dessen liegt, was sich religiös zur Sprache bringen lässt.

Die Eigenschaften verbleiben in den gedanklichen Zwischenräumen, wo sie Voraussetzung und Folge des Nachdenkens über sein Wesen sind. Diesem Phänomen gehen die folgenden Überlegungen nach, die auf einer abstrakteren Ebene die existentiellen Bedürfnisse der Schüler*innen in Bezug auf Gottes Handeln herausarbeiten.

3.3.2. Die Entwicklung des eigenen Gottesbildes[185]

3.3.2.1. Wie gelangt Gott mit den Menschen in Kontakt?

Die Gottesvorstellung von Akw bildet in Bild und Bildbeschreibung einen spezifischen Typus ab. Er erscheint als *Helfer*, dessen Wirkungsbereich eingeschränkt bleibt. Zwar hilft er den Menschen, die es nötig haben. Das Nach-Hause-Kommen müssen sie aber aus eigenen Kräften selbst besorgen. Problematisiert werden die *Bedingungen*, die Gott selbst veranlassen, *mit Menschen in Kontakt zu treten*.

Bei Bkw entspricht zwar die ursprüngliche Gottesvorstellung weniger dem Beschützer als vielmehr dem Typus eines *gerecht Handelnden*. Diese Ausrichtung erfolgt aber aus einer Haltung heraus, die sich für eine positive Entwicklung aller Menschen interessiert. Insofern lässt

---

[185] An dieser Stelle werden die Ergebnisse der typisierenden Analyse zusammengefasst und unter dem Aspekt der Frage nach dem Handeln Gottes fokussiert.

sich die diesem Phänomen zugrunde liegende Frage auf die *Ursachen eines moralischen Interesses fokussieren.*

Den Überlegungen von Dkw liegt eine ähnliche Frage zugrunde: Zwar ist Gott als der alles Sehende dargestellt. Die in Teilen animistische Vorstellung der Schülerin hebt aber auf den Umstand ab, dass nicht nur die Menschen behütet sind. Auch in der Welt scheint Vieles wohl geordnet zu reifen. Daher ist auch hier offensichtlich nach dem *Grund für Gottes wachsame Zuwendung* gefragt.

3.3.3.2. Wie gelingt es Gott, in der Welt Ordnung zu halten?

Das Bild von Ckw kann von der Bildbeschreibung her einem Typus zugeordnet werden, in dem Gott als *guter Mensch* bezeichnet ist. Dabei geht es weniger um seine guten Eigenschaften als vielmehr um die grundsätzliche Ausrichtung seines Handelns. Fraglich ist offensichtlich, *wie Gott eine Welt in Ordnung hält, in der die Menschen Unordnung stiften.*

Die Gottesvorstellung von Eem entspricht seiner Darstellung *als Führer* der Menschen. Dabei interessiert sich der Schüler ausdrücklich für die Frage, *wie Chaos verhindert werden kann.* Dies gilt, obschon unentschieden bleiben muss, ob Gott ausschließlich für Ordnung sorgt oder nicht auch unabsichtlich oder unbewusst Unordnung stiftet.

Die Vorstellung von Gott so wie sie sich in Bild und Beschreibung von Fem zeigt, schildert Gott als *erholungs- und ruhebedürftig.* Fem entwickelt eine mögliche Erklärung für den aktuellen Zustand der Welt. Die von Gott beauftragten Stellvertreter erweisen sich mit ihren Aufgabe als hoffnungslos überfordert. Diese sich in Bild und Text abzeichnende Antwort, lässt neues Fragen entstehen. Die *Frage nach dem Ordnung halten* gilt jetzt denen, die Gott vertreten müssen.

3.3.3.3. Bemerkungen

Die Befunde deuten darauf hin, dass dem Umgang mit Gottes Wesen und Gottes Handeln durchaus unterschiedliche Erwartungen entsprechen. Während sich die Eigenschaften am spezifischen Umgang mit traditionellen Elementen ausformen, konvergieren die Fragen nach dem Handeln Gottes mit existentiellen Bedürfnissen der Schüler*innen.

Gottes eigentümlich begrenzte Eigenschaften kommen dort zum Durchbruch, wo er Menschen unterstützen kann, die es offensichtlich nötig haben. Er weiß, was für sie das Richtige ist und was ihnen fehlt und er behütet Menschen und Erde dank seines allwissenden Wesens. Er hält das von ihnen verursachte Chaos auf, und erweist sich durch vorausschauende Fürsorge für die Welt selbst mächtigen Stellvertretern gegenüber überlegen.

Dabei legen die Beschreibungen des Handelns Gottes nicht nur dar, inwiefern Gott von der Menschheit, sondern auch wie er für die Welt adressiert werden kann. Sie machen darauf aufmerksam, dass faktisch nach den Bedingungen für Gottes Handeln zu fragen ist: Welche Ursachen gibt es für Gottes Wunsch und seine Möglichkeiten, mit Menschen in Kontakt zu treten? Woran liegt es, dass Gott die Welt gegen Menschen gemachtes Chaos in Schutz zu nehmen sucht?

Während also einerseits ein Interesse an der Fixierung oder mindestens an der Beschreibung von Gottes Eigenschaften besteht, fragen die Sechstklässler andererseits nach Gründen und Möglichkeiten für eine bedingungslose Zuwendung Gottes zu Mensch und Welt. Damit lassen sie erkennen, dass sich ihr Interesse nicht nur auf eine (Common Sense) Theorie über den Umgang mit Gottesbildern richtet, sondern, dass sie sich auch über den spezifischen Umgang mit Gottesbildern Gedanken machen.

Insbesondere an den Übergängen von Bildern und Texten kommen vorsprachlich religiöse und nicht-religiöse Momente und Aspekte zum Tragen, die anzeigen, dass hier ein Theologisieren im Sinne eines Wahrnehmens, Differenzierens und Diskutierens stattgefunden hat. Die Bilder und ihre Beschreibungen zeigen „Lösungen" auf, hinter denen strukturelles Fragen sichtbar wird. Ob und inwiefern dessen Entwicklung durch spezifische Formen der Materialisierung oder Versprachlichung gefördert werden kann, wird die Bezugnahmen auf – ggf. auch entsprechende Auseinandersetzungen mit – Aussagen von Experten begleiten.

3.4. Einzelfallanalysen der Zehntklässler

Für den Umgang mit den Bildern der Zehntklässler wird ein ähnliches Verfahren gewählt. Der dokumentarischen Bildinterpretation folgen eine entsprechende Textinterpretation, komparative Analyse und typisierende Analyse. In der Zusammenschau geht es um die impliziten Fragen der Zehntklässler. Dabei wird sich zeigen, dass der Fokus verändert ist. Das Interesse an Gottes Wesen und seinem Handeln tritt auf eigentümliche Weise zurück.

3.4.1. Gkm (16 Jahre)

3.4.1.1. Formulierende Interpretation

Vorikonographische Ebene

Abbildung 13: Bild von Gkm

Zum Bildvordergrund

Im Bildvordergrund ist ein Kreuz zu sehen, das mit einem Bleistift gezeichnet und mit einem braunen Buntstift ausgemalt wurde. Das Kreuz besteht aus zwei, einem längeren und einem kürzeren, sich rechtwinklig kreuzenden Balken, die in grauer Farbe beschriftet sind: Im oberen Teil des Kreuzes steht „Leben", im unteren Bereich erscheint der Begriff „Tod", im linken Arm des Kreuzes findet sich „Weisheit" und im rechten Arm das Wort „Schutz". Alle Begriffe sind mit Bleistift geschrieben. Um den oberen Teil des Kreuzes sowie um den Begriff „Leben" ist mit Bleistift ein ovaler Kreis gezeichnet, der mit gelbem Buntstift ausgemalt wurde.

Zum Bildhintergrund

Der Schüler hat den Hintergrund überwiegend weiß gelassen.

Ikonographische Elemente: Common Sense Typisierung

In diesem Bild werden typische religiöse Elemente des Christentums verwendet. Darauf deuten die zu einem lateinischen Kreuz geformten Linien, aber auch der ovale Kreis hin, der als Nimbus, d.h. Heiligenschein, identifiziert werden kann. Die Begriffe, die in die Balken des Kreuzes eingeschrieben sind, nehmen elementare Aspekte christlich-biblischer Vorstellungswelt auf. Sprachliche und symbolische Elemente des Christentums stehen hier nebeneinander.

3.4.1.2. Reflektierende Interpretation

Formale Komposition

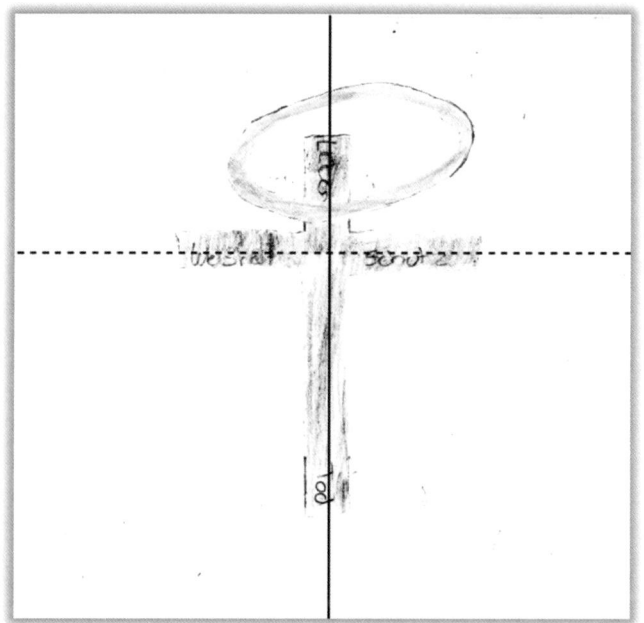

Abbildung 14: Planimetrische Komposition von Gkm

Planimetrische Komposition

Die planimetrische Komposition des Bildes zeichnet sich durch eine vertikal verlaufende Linie aus, die durch den längeren Balken des Kreuzes führt. Sie betont die eingeschriebenen Wörter „Leben" und „Tod" und erzeugt eine spezifische Spannung. Eine weitere Linie verläuft horizontal durch den kürzeren Balken des Kreuzes und stellt eine Verbindung zwischen den Wörtern „Weisheit" und „Schutz" her. Durch die vierfache Betonung des rechteckigen Winkels zeigt die Komposition eine geometrische Gleichförmigkeit. Sie lässt das Bild harmonisch und wohl proportioniert erscheinen.

Szenische Choreographie

Das Kreuz ist ins Zentrum des Bildes gemalt worden. Dabei wird seine zentrale Position durch die verwendeten Farben besonders hervorgehoben. Das Braun des Kreuzes sowie das Gelb des Heiligenscheins ziehen den Blick des Betrachters auf sich. Sie heben sich von dem weiß gehaltenen Hintergrund ab. Auf diese Weise rückt das Kreuz in eine erhöhte Bildposition. Der Heiligenschein, der sich um den oberen Balken des Kreuzes schlingt, scheint mit dem Kreuz verbunden. Beide Elemente, Kreuz und Heiligenschein, treten als eine Einheit auf.

Perspektivische Projektion

Die Darstellung von Kreuz und Heiligenschein, die den Bildvordergrund dominiert, ist in Zentralperspektive gezeichnet: das Kreuz befindet sich auf Augenhöhe des Bildbetrachters und zieht jeglichen Blickkontakt unmittelbar auf sich.

Ikonische Interpretation

In der Betrachtung dieses Bildes schieben sich die religiösen Elemente in den Vordergrund. Der Hintergrund des Bildes ist weiß gehalten, kräftigere Farben, die spezifische Akzente setzen könnten, finden sich nicht. Auch wenn Kreuz und Heiligenschein zusammengehören, so schwebt der Heiligenschein als Krone über dem Kreuz. Er dominiert es. Die eingeschriebenen Artefakte übernehmen eine unterstützende Rolle: „Leben" und „Tod" stehen zwar inhaltlich in einem Gegensatz, gleichwohl werden sie als eine Einheit aufgefasst, insofern beide Begriffe auf den Längsbalken des Kreuzes geschrieben sind. „Weisheit" und „Schutz" schließen sich als Begriffe demgegenüber nicht gegenseitig aus. Sie ergänzen einander und lassen sich in diesem Zusammenhang als göttliche Attribute auffassen. Die ins Kreuz eingeschriebenen Begriffe sind als spezifische Attribute christlicher Traditionen zu verstehen. Sie ermöglichen, den christlichen Gedanken, sich in Szene zu setzen. Darin erscheinen sie als Ausdruck der Auferstehungshoffnung.

3.4.1.3. Formulierende Textinterpretation

Ich verbinde Gott mit einem Kreuz, da ich keine Gottesvorstellung habe und auch nicht wirklich an ihn persöhnlich glaube. Ich habe das Kreuz beschriftet, da ich dennoch glaube, dass er über Leben und Tod herrscht. Dazu ist Gott ein weiser Mensch und sorgt auch für Schutz.

Der Schüler betont, dass er seine nicht vorhandene Gottesvorstellung im beschriebenen Bild gezeichnet habe. Das Kreuz problematisiert sein Gottesbild. Er verfügt weder über eine Gottesvorstellung noch über eine persönliche Gottesbeziehung, d.h. Glauben. Der erneute Rückgriff auf das Kreuz zeigt aber an, dass es für ihn nicht ohne Bedeutung ist. Er hat die Buchstaben eingeschrieben, da Gott nicht nur über Leben und Tod herrscht, sondern auch weise ist und beschützt.

3.4.1.4. Reflektierende Textinterpretation

Der Schüler proponiert, dass er Gott mit einem Kreuz verbindet. Im Modus einer antithetischen Differenzierung elaboriert er *eine fehlende Gottesvorstellung sowie eine mangelnde persönliche Beziehung.* Im Modus der Antithese, die zwischen dem Nichtglauben und der Darstellung des Glaubensinhalts aufgespannt ist, zeigt sich ein nicht unerheblicher Widerspruch zur ursprünglichen Proposition: *Gott herrscht über Leben und Tod.* Im Rahmen einer Transposition wird auf weitere Eigenschaften Gottes hingewiesen.

3.4.1.5. Komparative Analyse

Der Schüler wählt für seine Darstellung Symbole aus, die als kulturelle Artefakte untrennbar mit dem Christentum verbunden sind. Der Text bestätigt, dass das Kreuz diese Verbindung gewährleistet. Der Schüler spielt aber in seiner Darstellung mit dem klassischen Gottesbild: Zwar ist ihm Gottes Sein nicht vorstellbar und auch die eigene Gottesbeziehung kann nicht beschrieben werden. Seine Überlegungen münden aber in die Vorstellung ein, dass die Welt ohne eine göttliche Macht nicht auskomme. Man könne ebenfalls nicht auf die Vorstellung verzichten, dass Gott eine weise Person sei, die Schutz gewähre. Auch wenn die traditionelle Gottesvorstellung formal bestritten ist, bedeutet dies nicht, dass die Gottesvorstellung inhaltlich ad acta gelegt ist.

Der Bruch zeigt sich weniger im Bild – das Kreuz lässt sich als Variation einer traditionellen Gottesvorstellung verstehen –, als vielmehr in der Zusammenschau von Bild und Bildbeschreibung. Durch die Bildbeschreibung wird dem Bild eine neue Aussageabsicht eingestiftet: Der Schüler interessiert sich für die Ausbildung einer positiven Beziehung zum christlichen Kulturkreis. Er eröffnet eine spezifische Form der Auseinandersetzung mit dem, was er für eine traditionelle Gottesvorstellung hält. Dabei kann man fragen, ob der Rückgriff auf Gottes Herrschersein eine niedrig schwellige Beziehung anzeigt. Unter dieser Voraussetzung ist auch der Heiligenschein noch einmal neu zu gewichten. Er stellt eine weitere Möglichkeit dar, mit Gott in Verbindung zu treten – ohne an ihn zu glauben. Damit ähnelt der Umgang mit dem Gottesbild jenem von Dkw, die ähnlich betont, sich keine Vorstellung von Gott machen zu können.

In der Orientierung erweist sich die Gottesbeziehung als höchst spannungsreich. Ein Gottesverhältnis scheint trotz mangelnder persönlicher Gottesbeziehung vorhanden, gerade weil Gott in seinen Attributen sichtbar wird.

3.4.1.6. Typisierende Analyse

Der Schüler kann sich Gott nicht konkret vorstellen. Daher wählt er eine symbolische Repräsentation, die er in Bild und Text erläutert. Vor diesem Hintergrund scheint Einiges dafür zu sprechen, von einer symbolischen Gottesvorstellung auszugehen. Göttliche und menschliche Eigenschaften Gottes werden miteinander in Beziehung gesetzt. Auffällig ist, dass diese Eigenschaften nicht länger in Form von Elementen oder Körperteilen in das Bild eingezeichnet sind, sondern mit Buchstaben verknüpft werden, die mindestens indirekt als göttliche Eigenschaften anzusprechen sind. Vor diesem Hintergrund wird Gott vermenschlicht, seine menschlichen Eigenschaften treten in den Vordergrund. Während die bildliche Vorstellung im Bereich des Christlich-Symbolischen verbleibt, werden in der schriftlichen Auseinandersetzung sowohl göttliche Funktionen als auch menschliche Eigenschaften miteinander ins Gespräch gebracht. Der Schüler selbst scheint zwar nicht an eine anthropomorphe Existenz Gottes glauben zu können, er bejaht aber eine Macht, die über Leben und Tod herrscht. Insofern zeigt sich, dass der Schüler zwar die Art seines Glaubens problematisiert, er aber offensichtlich eine spezifische Form der Gottesbeziehung weiterhin unterhält.[186] Die Zusammenschau von Bild und Bildbeschreibung hält die Frage offen, *wie er sich zu seiner eigenen Gottesvorstellung verhält.*

---

[186] Maull interpretiert ähnliche Äußerungen mit Blick auf Andersartigkeit und Transzendenz. Die Möglichkeit kommt an dieser Stelle durchaus in Betracht. Vgl. Maull 2017, 143.

3.4.2. Hkm (17 Jahre)

3.4.2.1. Formulierende Interpretation

Vorikonographische Ebene

Abbildung 15: Bild von Hkm

Zum Bildvordergrund

Im Bildvordergrund ist ein Vogel mit Bleistift gezeichnet. Der Flügel des Vogels weist schwarze Schattierungen auf, der Kopf ist mit Bleistift, der Schnabel und die Füße sind mit einem gelben Buntstift ausgemalt. Über dem Kopf des Vogels ist ein leuchtender oval förmiger Kreis gezeichnet. Von dem Kreis gehen gelb gemalte Striche aus.

Zum Bildhintergrund

Der Bildhintergrund des Bildes ist weiß gelassen worden, mit Ausnahme des unteren Drittels, das blaue Schraffierungen aufweist. In der Mitte der blauen Fläche befindet sich der Vogel. Die blauen Schraffierungen gehen durch seinen Körper hindurch.

Ikonographische Elemente: Common Sense Typisierung

Die gezeichneten Proportionen, die verwendeten Farben sowie insbesondere die Schwimmhäute deuten darauf hin, dass hier eine Möwe gezeichnet ist. Sie befindet sich in einem Meer. Der ovale Kreis über dem Kopf des Vogels lässt sich als eine Art strahlender Heiligenschein begreifen. Durch den Rückgriff auf eine religiöse Symbolik könnte insofern ein christlich-biblischer Kontext aufgerufen sein, innerhalb dessen der Vogel als Taube im Sinne einer Orientierungshilfe[187] – ggf. auch als Heiliger Geist[188] – zu deuten wäre.

3.4.2.2. Reflektierende Interpretation

Formale Komposition

In diesem Bild sind keine planimetrischen Linien zu verzeichnen, es fällt aber auf, dass die Strahlen des Heiligenscheins parallel zu den Wasser (oder Himmel) andeutenden, blauen Schraffierungen verlaufen.

Szenische Choreographie

Der Vogel ist in der Mitte des unteren Teils des Bildes platziert und schaut – vom Stand des Bildbetrachters aus – nach rechts. Über dem Kopf des Vogels schwebt ein Heiligenschein. Die Anordnung von Vorder- und Hintergrund legt nahe, dass der Vogel auf dem Wasser steht.

Perspektivische Projektion

Der Vogel stellt keinen Blickkontakt zu dem Bildbetrachter her. Er scheint in die rechte untere Ecke des Bildes zu schauen. Dadurch entsteht der Eindruck, dass der Bildbetrachter nur Zuschauer dieser Szene ist. Ihm wird nur ein flüchtiger Blick gestattet.

---

[187] Peter Riede, Taube, Biwilex, 2010 https://www.bibelwissenschaft.de/stichwort/32559/ [Abruf: 08.06.2019]

[188] „Schon Urban VIII. verbot 1628 diese allzu menschlichen Trinitätsbilder, und seit dem aufgeklärten Benedikt XIV. (1745) darf der Heilige Geist nur noch in Gestalt der Taube dargestellt werden, eine Entscheidung, die in unserem Jahrhundert noch 1928 vom Sanctum Officium, der römischen Inquisitionsbehörde, jetzt Glaubenskongregation genannt, neu eingeschärft wurde." http://roland-sinsel.de/prof-hans-kueng/heiliger-geist-kirche-gemeinschaft-der-heiligen/index.html [Abruf: 19.07.2019]

Ikonische Interpretation

Das Bild verzeichnet eine leichte Irritation in der Darstellung des Vogels, sofern man prima vista geneigt ist, ihn als Möwe zu identifizieren. Durch die Hinzufügung des Heiligenscheins werden Assoziationen geweckt, die an eine Taube erinnern. Zwar hält der Vogel keinen Olivenzweig im Schnabel. Seine Kontextualisierung – der Vogels erscheint im Rahmen einer religiösen Symbolik (Heiligenschein, Wasser oder Himmel) – irritiert den Betrachter.[189] Die sich im Heiligen manifestierende Kraft des Göttlichen bringt das Sehen durcheinander und stellt die alltägliche Ordnung in Frage.

3.4.2.3. Formulierende Textinterpretation

Für mich ist Gott nicht vorstellbar. Deswegen schickt er seine Gehilfen wie z.B. die Friedenstaube. Die im Himmel auf die Aufgaben von ihm wartet, um sie zu erledigen.

Der Schüler kann sich Gott nicht konkret oder in einer spezifischen Gestalt vorstellen. Gerade aus diesem Grund schickt Gott seine Gehilfin wie etwa die Friedenstaube.[190] Diese halte sich im Himmel auf, um spezifische Aufgaben zu empfangen.

3.4.2.4. Reflektierende Textinterpretation

Der Schüler proponiert im Modus einer persönlichen Erklärung die mangelnde Vorstellbarkeit Gottes. Diese Nichtvorstellbarkeit wird anschließend in einem Modus elaboriert, der die Spannung zwischen negativer Vorstellbarkeit und positivem Handeln Gottes in den Fokus rückt. *Ein Handeln Gottes ist nur intermedial vorstellbar.* Die Elaboration erfolgt als Erläuterung. Eine eigentliche Konklusion weist die Aussage nicht auf, wohl aber eine Transposition mit weiterführenden Aspekten: Gottes Gehilfen werden im Himmel von ihm instruiert, so dass dessen Aufgaben (auf der Erde) erledigt werden können.

---

[189] Der Heiligenschein ist in der christlichen Ikonik Attribut von Heiligen bzw. göttlichen Personen. Nachdem die menschliche Darstellung des Heiligen Geistes im sogenannten Gnadenstuhl verboten worden war, setzte sich die Taube als Darstellung des Heiligen Geistes durch. Schiller 1983, 133 f.

[190] Zu Picassos Einfluss auf das Entstehen des Motivs der Friedenstaube vgl. http://www.altertuemliches.at/termine/ausstellung/picasso-frieden-und-freiheit [Abruf: 08.06.2019].

Die mangelnde Fähigkeit, sich Gott konkret vorstellen zu können, spiegelt sich in der Überlegung wieder, dass Gott nicht selbst erscheint. Er schickt eine Friedenstaube, aber nicht den Heiligen Geist.[191] Die Taube wirkt an seiner Stelle und setzt seine Anweisungen um. Der Schüler kompensiert eine ihm fehlende Vorstellung mit Material, das an die christliche Tradition erinnert.

3.4.2.5. Komparative Analyse

Der Schüler hat in seinem Bild Gott nicht darstellen können, da er sich Gott nicht vorstellen kann. Stattdessen hat er eine von verschiedenen Gehilf*innen Gottes gezeichnet. Durch die Beschreibung lassen sich Widersprüche im Bild auflösen, aber auch kleinere Brüche in der Gottesvorstellung erkennen. Gezeichnet ist nicht das Wasser, sondern der Himmel, nicht die Möwe, sondern die Taube. Der sie umgebende Heiligenschein lässt eine Verbindung zum Heiligen Geist nicht als unmöglich erscheinen. Obwohl Gott nicht vorgestellt und infolge dessen auch nicht gezeichnet werden kann, ist eine Lösung entwickelt, die Gottes Handeln andeutet: Gott wird hier symbolisch dargestellt, sein Handeln nimmt auf christliche Tradition Bezug. Das Gottesverhältnis lässt eine unentschiedene Orientierung erkennen.

Das Bild weist Parallelen zu jenem von Gkm auf. Beide Schüler zeichnen ihre Gottesvorstellung nicht direkt, sondern sie verwenden eine spezifische, christlich-biblisch inspirierte Symbolik, die für sie persönlich bedeutsam ist.

3.4.2.6. Typisierende Analyse

Dieses Bild kann dem Typus *des nicht vorstellbaren Gottes* zugeordnet werden: Gott ist nicht vorstellbar. Gleichwohl *benötigt* man ihn, um spezifische Vorgänge und Wirkungen zu beschreiben. Der Schüler greift auf die Vorstellung der Stellvertretung zurück. Die hier verdichtete Vorstellung von der Stellvertretung avisiert allerdings nicht die traditionelle Christologie, sondern den Kontext der Ethik oder spezifischer das Handeln Gottes an seiner Schöpfung. Ein traditioneller Stellvertre-

---

[191] Maull weist darauf hin, dass dieser schwer zu zeichnen sei. Auch sei die Idee für Kinder und Jugendliche schwer begreifbar. Vgl. Maull 2017, 24, Anm. 61.

tungsgedanken ist nicht impliziert, es wird vielmehr ein eigener entwickelt. Die Friedenstaube hilft Gott etwas durchzusetzen, zu dem er aus Sicht des Schülers möglicherweise nicht in der Lage ist. Auch hier scheint sich der Schüler zu fragen, *wie er sich zu seinem eigenen Gottesbild verhält.*

3.4.3. Iem (15 Jahre)

3.4.3.1. Formulierende Interpretation

Vorikonographische Ebene

Abbildung 16: Bild von Iem

Zum Bildvordergrund

Im Vordergrund des Bildes ist ein großer mit einem Zirkel gezeichneter Kreis abgebildet. In dem Kreis sind unterschiedlich große Flecken platziert, die mit einem grünfarbigen Buntstift ausgemalt sind. Die übrige Fläche des Kreises wurde weiß gelassen. Zwei kleinere Farbtupfer finden sich in der Mitte des Kreises, vier größere grüne Einheiten sind an seinem Rand eingezeichnet. Sie erwecken den Eindruck, als wollten sie sich um den Kreis herumlegen.

Zum Bildhintergrund

Der Bildhintergrund wurde weiß gelassen. Auffällig ist ein kleinerer, unförmiger Kreis, der mit Bleistift gezeichnet ist. Dieser kleinere Kreis befindet sich schräg rechts – vom Stand des Bildbetrachters aus – über der größeren Kugel, die den Bildvordergrund dominiert. Der kleinere Kreis ist von mehreren Strichen umgeben, die mit Bleistift und mit einem roten Buntstift gezeichnet wurden. Die Schraffierungen verlaufen über die gezeichnete Umrandung des Kreises nach oben hinaus. Die roten Striche sind im Vergleich zu den grauen Strichen länger und etwas breiter gemalt.

Ikonographische Elemente: Common Sense Typisierung

Der große Kreis kann aufgrund der unförmigen Flecken und der verwendeten Farben, als Erdkugel gedeutet werden. Die grünen Flecken lassen sich als Kontinente der Erde begreifen, auf denen natürliches, pflanzliches, menschliches und tierisches Leben stattfindet. Damit verweisen sie eventuell auf die Schöpfung. Der kleinere Kreis, der den Bildhintergrund bestimmt, kann als außerirdischer Fremdkörper identifiziert werden, der in rascher Geschwindigkeit auf die Erde zusteuert. Der Körper – vielleicht ein Komet – ist im Vergleich zur Erde übergroß dargestellt, die Größenverhältnisse sind verschoben. Diesen Eindruck unterstützt auch der riesige Feuerschweif, der den außerirdischen Flugkörper umgibt. Die Gegenüberstellung von Erde und außerirdischem Objekt erzeugt den Eindruck, als geschehe hier etwas Zentrales, beide Körper unmittelbar Betreffendes. Man könnte an eine Abbildung des Urknalls oder an eine andere prähistorische kosmische Katastrophe denken.

3.4.3.2. Reflektierende Interpretation

Formale Komposition

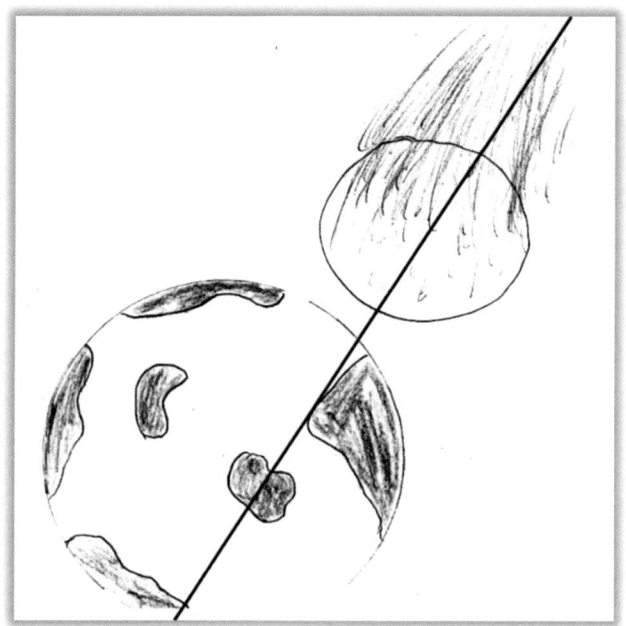

Abbildung 17: Planimetrische Komposition von Iem

Planimetrische Komposition

Die Gesamtkomposition des Bildes ist geprägt durch eine diagonal verlaufende Linie, die sich aus der rechten Ecke des Bildes – vom Stand
des Bildbetrachters aus – kommend, durch den Schweif des fremden
Flugkörpers verlaufend, bis hinein in die Kontinente der Erdkugel erstreckt. Auf diese Weise entsteht der Eindruck, dass sich ein Komet in
rascher Geschwindigkeit der Erdkugel nähert, ein Zusammenstoß
scheint unmittelbar bevor zu stehen. Er dürfte den dramatischen Höhe-
punkt der im Bild vorgehaltenen Bewegung zum Ausdruck bringen. Insofern sich die einzelnen Elemente des Bildes – Komet, aber auch Erdkugel – deutlich zurücknehmen, scheint sich das Zentrum der Zeichnung auf ein nicht dargestelltes, zukünftiges Ereignis zu fokussieren:
Eine unmittelbar bevorstehende Katstrophe, die sich in Konsequenz des
Zusammenpralls ergibt.

Szenische Choreographie

Die Erdkugel ist im Zentrum der bildlichen Komposition platziert. Das Szenario bezieht den Bildbetrachter mit ein. Dieser steht unter dem unmittelbaren Eindruck, Zeuge einer bevorstehenden Katastrophe zu werden. Gleichwohl setzt er sich selbst aus dem sicheren Abstand heraus keiner Gefahr aus. Da sich der Bildbetrachter zwar nicht selbst auf der Erde befindet, er aber zu einem Zeugen des künftigen Geschehens werden dürfte, scheint eine Trennung von Bild und Bildbetrachter bedeutsam.

Perspektivische Projektion

Die Darstellung der Erdkugel und des Kometen ist durch die Zentralperspektive geprägt, die sich auf Augenhöhe des Bildbetrachters befindet: Jeglicher Blickkontakt konzentriert die Perspektive auf diese Stelle.

Ikonische Interpretation

Der Bruch besteht in diesem Fall in der Wirkung des Bildes: Das Bild zeigt den unmittelbar bevorstehenden Einschlag eines Kometen und insofern die zu erwartende Zerstörung der Erde. In der Konsequenz des Einschlags wird menschliches Leben ebenso wie die Tier- und Pflanzenwelt vernichtet. Interessant ist nun, dass sich dem Bildbetrachter durchaus unterschiedliche Interpretationsansätze eröffnen: Zum einen kann es sich bei der Zeichnung um einen Meteoriteneinschlag handeln, der für die Auslöschung der prähistorischen Lebewesen vor mehreren Millionen Jahren verantwortlich gewesen ist. Zum anderen könnte es hier auch um eine visionäre Apokalypse gehen, die die Zerstörung der Erde ankündigt. Und noch weitere Deutungen sind möglich: Die Erde wird in diesem Bild nicht in ihrer majestätischen Anmut als Mittelpunkt der Schöpfung Gottes gezeigt, sondern in den letzten Momenten kurz vor ihrer Zerstörung. Das Bild führt dem Bildbetrachter vor Augen, dass es eine höhere, Schaden verhindernde Macht nicht länger gibt, oder, dass sie untätig bleibt. Dabei wirft ihr der Zeichner möglicherweise vor, die Zerstörung nicht zu verhindern.

3.4.3.3. Formulierende Textinterpretation

Es gab nur ein Mal ein Zeichen Gottes, das war der Komet der die Dinosaurier auslöschte und somit unsere Evolution startete. Also gab es Gott nur ein Mal als Erschaffer und nicht als bleibender Behüter.

Lediglich ein einziges Mal sei Gott mit der Welt aktiv durch ein Zeichen in Kontakt getreten: Der Komet, der die Dinosaurier auslöschte, habe die Evolution und damit auch die Entwicklung des Menschheit möglich gemacht. Die Betonung liegt auf „unsere Evolution", was sich als *Entwicklung der Menschheit auf Erden* deuten lässt. Insofern sei Gott weder als Beschützer noch als Behüter der Erde, sondern als ihr Schöpfer („Erschaffer") anzusprechen. Gott wäre demnach ein einziges Mal tätig geworden – und dies tendenziell indirekt, da er nicht selbst agiert, sondern sich des Kometen bedient habe.

3.4.3.4. Reflektierende Textinterpretation

Der Schüler proponiert im Modus der Aussage einen einzigen Kontakt Gottes mit der Welt. Er elaboriert im Modus einer kurzen, entgegengesetzte Konsequenzen ansprechenden Narration: *Gott wird als eine Macht beschrieben, die zwar zerstören, aber gleichzeitig auch neues Leben erschaffen kann: Der Moment, in dem der Komet die Dinosaurier vernichtete, war zugleich der Beginn der Menschheitsentwicklung.* Die Konklusion[192] nimmt die Proposition in veränderter und begründender Form auf und überführt sie in einer Transposition. Gegenüber der Frage, welche Bedeutung Gott für seine Schöpfung habe, erläutert er, dass dieser nur einmal als Schöpfer in Erscheinung getreten sei, um sich anschließend von Erde und Menschheit abzuwenden. Als bleibender Behüter lässt er sich nicht verstehen.

Offensichtlich denkt der Schüler über das Verhältnis von Naturwissenschaft (Evolution) und Religion (Geschöpf) nach. Obschon er sich hier zugunsten der Naturwissenschaft entschieden zu haben scheint, gesteht er Gott eine nicht unerhebliche Bedeutsamkeit zu – als Verursacher bzw. Auslöser der Evolution. Der Religion kommt als Auslöser für die Wissenschaft eine gewichtige Rolle zu: wissenschaftliche und religiöse Erklärungsansätze können neben- und ggf. miteinander existieren.

3.4.3.5. Komparative Analyse

Der Bruch befindet sich zunächst in dem Bild selbst, das verschiedene Perspektiven auf das Verhalten Gottes eröffnet. Ereignet sich das Zusammenstoßen von Erde und Komet zufällig, planmäßig oder absichts-

---

[192] Die Partikel „also" zeigt dies an.

voll? Erst durch die Bildbeschreibung kann die Sicht des Schülers präzisiert werden: Der Einschlag des Kometen spielt eine bedeutsame Rolle: Die Dinosaurier mussten vernichtet werden, damit der Mensch sich im Rahmen der Evolution entwickeln konnte. [193] Beide Lebensformen konnten nicht gleichzeitig existieren.[194]

Wenn aber Gott eine Rolle bei dem Zusammenstoß zugestanden ist, dann wird man auch nach seinen weiteren Aufgaben fragen müssen. An dieser Stelle weist der Schüler jedoch jede weitergehende Überlegung zurück und unterstreicht damit die Ambivalenz, in der er sich gegenüber einem klassischen traditionellen Gottesbild befindet. Gottes Willen kennzeichnet in Form von Zeichen die Entwicklung des Menschengeschlechts. Der Mensch spiegelt sich im Konzept der Evolution wider, wobei die Frage, in welchem Maße er am Handlungskonzept der Evolution beteiligt gewesen ist, unbeantwortet bleibt. Weitere Rollen – wie etwa das Dasein als Behüter – kommen ihm demgegenüber nicht zu. Der Schüler hat eine spezifische *Orientierung* ausgebildet. Er scheint für sich akzeptiert zu haben, dass es Gott zwar irgendwie gibt und dass er auch einmal tätig geworden ist, dass sich seine konstruktive Macht aber auf das „Erschaffen" beschränkt.

3.4.3.6. Typisierende Analyse

In diesem Bild wird der Typus eines *ambivalenten Gottes* sichtbar, der die Menschheitsentwicklung zwar auslöst, aber nicht bereit ist, sich um die Folgen seiner Handlungen zu kümmern. Dabei wird in vorliegendem Bild eine Auffassung von Gott vertreten, die sich nicht nur den traditionellen Gottesdarstellungen, sondern auch den in der klassischen Entwicklungspsychologie[195] vorgeschlagenen Typen entzieht. Ein deistisches, Gott lediglich als Urheber seiner Schöpfung ansehendes Gottesverständnis antwortet auf *die Grundfrage nach der Herkunft der Schöpfung*. Das Handeln Gottes wird dort abgeblendet, wo es als beschützendes auf die Erde bezogen werden könnte. Und auch ein deus

---

[193] Unklar bleibt in diesem Bild jedoch, wer die Erde und die Dinosaurier erschaffen hat. Die Schöpfungsberichte bleiben unerwähnt. Vgl. Genesis 1, 1–31.

[194] Die Konjunktion „somit" weist darauf hin.

[195] Im Vordergrund stehen Fragen der Omnipräsenz oder der Darstellbarkeit Gottes. Vgl. Maull 2017, 149 f.

ex machina ist nicht vorgesehen: Der Mensch ist auf sich selbst gestellt und auf die Vorstellung zurück geworfen, dass er als Gattung von seinem Schöpfer gewollt worden ist.

3.4.4. Jew (15 Jahre)

3.4.4.1. Formulierende Interpretation

Vorikonographische Ebene

Abbildung 18: Bild von Jew

Zum Bildvordergrund

Im Zentrum des Bildvordergrundes ist ein Kreis mit Bleistift gezeichnet. In seiner Mitte befinden sich vier unterschiedlich große Flecken, die mit einem grünen Buntstift ausgemalt sind. Am Rand des Kreises erscheinen vier etwas größere Flächen, die – ebenfalls grün ausgemalt – sich um den Kreis herum zu legen scheinen. Die übrigen Partien des Kreises wurden mit einem blauen Buntstift ausgemalt. Ober- und unterhalb des Kreises erscheinen in Großbuchstaben „GOTTES

HÄNDE". Die Wörter befinden sich innerhalb einer separaten Bleistift-
linie.

Zum Bildhintergrund

Der Hintergrund des Bildes ist grundsätzlich weiß.

Ikonographische Elemente: Common Sense Typisierung

Der Kreis im Bildvordergrund lässt sich aufgrund der Anordnung der
Flecken sowie der verwendeten Farben als Erdkugel deuten, er wird
oben und unten von Gottes Händen gehalten.

3.4.4.2. Reflektierende Interpretation

Formale Komposition

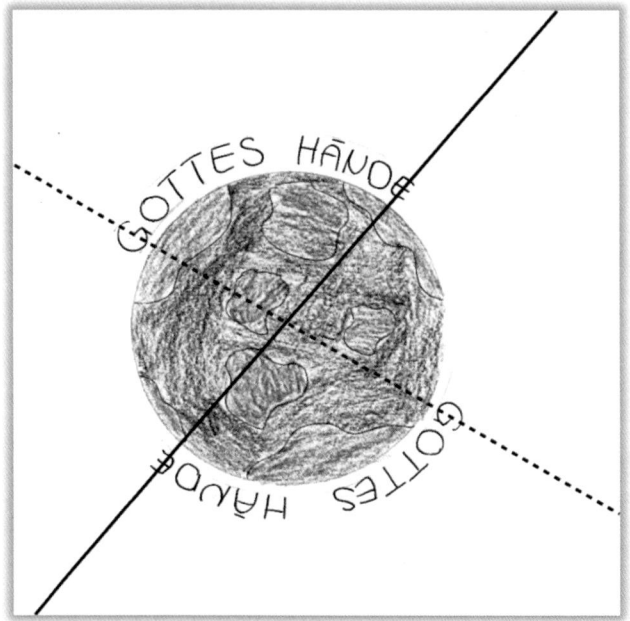

Abbildung 19: Planimetrische Komposition von Jew

Planimetrische Komposition

Die Gesamtkomposition des Bildes ist geprägt durch die propositionale
Anordnung der Erdkugel sowie eine doppelte Beschriftung. Da diese
die Erde jeweils von unten und oben symmetrisch umfasst, wird eine

harmonische Wirkung erzeugt. Insofern die Beschriftung „GOTTES HÄNDE" aus jedem Winkel lesbar ist, lässt sich ein klassisches Oben und Unten nicht angeben. Die planimetrische Komposition zeigt allerdings zwei sich überkreuzende Linien. Ihr Schnittpunkt befindet sich in der Mitte der Erdkugel, so dass der harmonische Eindruck insgesamt unterstrichen wird. Die sich kreuzenden Linien verbinden zudem die beidseitige Beschriftung. Eine Linie verläuft durch den Buchstaben „E" von dem Wort „HÄNDE"; die zweite Linie verläuft durch den Buchstaben „G" von dem Wort „GOTTES".

Szenische Choreographie

Die Erdkugel ist genau im Zentrum der bildlichen Komposition platziert. Insofern befindet sie sich – welchen Blickwinkel bzw. welche Perspektive man auch immer als Bildbetrachter einnimmt – im Mittelpunkt des Bildes.

Perspektivische Projektion

Die Darstellung erfolgt in Zentralperspektive.

Ikonische Interpretation

Die als Kreis dargestellte Erdkugel verweist dabei nicht nur explizit auf die Erde. In ihrer zentralen Position ruft sie auch eine harmonische Atmosphäre hervor, die insbesondere dadurch unterstützt wird, dass sich die nicht gezeichneten, sondern explizit verschriftlichten Hände schützend um den Planeten legen. Gottes Hände legen sich um das gesamte Leben auf der Erde, Wassermassen und grüne Kontinente sind gleichermaßen umschlossen. Sie halten eventuelle Bedrohungen, Schäden und Gefahr von ihr ab. Sie wirken wie ihr Schutzschirm: Sie bringen Geborgenheit und Schutz zum Ausdruck, die jedem Erdbewohner gelten. Die Hände sind wie ein Rahmen, der ein Gemälde umfasst, um es vor versehentlichen Stößen zu beschützen.

3.4.4.3. Formulierende Textinterpretation

Für mich ist Gott jemand, der seine Hände schützend über jeden Menschen und jedes andere Lebewesen hält. Er beschützt die Menschen vor Vielem, aber einige Dinge lässt er geschehen, weil sie passieren müssen.

Die Schülerin beschreibt ihre Gottesvorstellung, indem sie Gott als eine Person bezeichnet, die an dem Schutz von Menschen und Lebewesen gleichermaßen interessiert ist. Es geht nicht um die Erde als ganze, sondern um das Leben auf und in ihr. Allerdings hat diese Schutzfunktion gewisse Grenzen. Gott beschützt insbesondere die Menschen „vor Vielem". Er lässt aber dennoch Dinge geschehen, die dieser Funktion zuwiderlaufen. Sie entspringen einem vorher bestimmten Plan, „weil sie passieren müssen". Gott gewährt den Lebewesen zwar grundsätzlich Schutz, im Einzelfall hat er einen spezifischen Plan zu beachten.

3.4.4.4. Reflektierende Textinterpretation

Die Schülerin proponiert im Modus der persönlichen Aussage eine grundsätzliche Haltung Gottes. Dabei liegt eine besondere Betonung auf ihrem subjektiven bzw. individuellen Zugang: „Für mich […]". Die Haltung Gottes wird im Folgenden auf zweierlei Weise elaboriert. Zwar ist Gottes Handeln einerseits an der Universalität seines Tuns interessiert, es schränkt sich aber andererseits im Modus der Differenzierung ein. Die Konklusion verstärkt diese Differenzierung und führt sie als Einschränkung aus. Eine Transposition begründet das abweichende Verhalten: *Er beschützt vor Vielem, lässt aber zugleich Dinge geschehen.* Die Schülerin gibt also keine genaue Erklärung an, warum Gott einige Dinge geschehen lässt, sie verweist auf zuvor gefallene Entscheidungen: Gott lässt bewusst *einige Dinge* geschehen, weil sie stattzufinden haben. Vor diesem Hintergrund ist es nicht unmöglich, Gottes Wirken als ein Austarieren zwischen seiner grundsätzlichen Haltung und einer Ausrichtung an einem vorgefassten Plan zu begreifen. Die Orientierung der Schülerin ist dadurch charakterisierbar, dass sie ihr widersprüchlich erscheinende Phänomene zusammen zu denken sucht.

3.4.4.5. Komparative Analyse

Mit Blick auf Bild und Bildbeschreibung von Jew ist eine Dissonanz dort festzustellen, wo beides miteinander in Beziehung tritt. Das Bild präsentiert einen fast traditionellen, die Erde symbolisch beschützenden Gott: er hält seine Hände in einer entsprechenden Geste über und unter die Erdkugel. Diese Vorstellung wird durch den Text nicht unwesentlich eingeschränkt: Gott beschützt nicht vor allem, sondern nur vor Vielem. Im Zusammenspiel von Bild und Text führt dies zu folgender Überlegung: Gottes Ja zur Welt gilt zwar grundsätzlich, diese Haltung hat sich aber zu zuvor gefassten Entscheidungen zu verhalten. Gottes Ja wird von ihnen eingeschränkt.

Das Bild der Schülerin weist Parallelen zu anderen Bildern auf, die sich mit dem Wirken Gottes auseinandersetzen. Während Fem darauf hingewiesen hatte, dass sich Gott auch einmal ausruhen müsse, Iem zwischen verschiedenen Aufgaben – wie etwa dem Schaffen und Beschützen – unterschieden hatte, geht es hier um die Möglichkeit, dass Gottes konkretes Handeln selbst durch zuvor gefasste Entscheidungen begrenzt bzw. partiell außer Kraft gesetzt werden kann. Auch hier wird das Fragen erst auf den zweiten Blick erkennbar, kommt es doch nur allmählich hinter einer anderen, positiven Aussage zum Vorschein. Erst in der reflektierenden Bildbeschreibung zeichnet sich jene Transposition als „Lösung" ab, die nach dem eigentlichen Problem zurückfragen lässt. Die Frage nach der Theodizee scheint eigentümlich beantwortet.

3.4.4.6. Typisierende Analyse

Das Bild der Schülerin kann dem Typus *Gott als partieller Beschützer* zugeordnet werden. Im Einzelnen ist gleichwohl zu überlegen, auf welche Weise über Gott als Beschützer nachgedacht wird. Denn seine Beschützerrolle erscheint durchaus eingeschränkt und partiell in Frage gestellt: Gottes Ja gilt zwar grundsätzlich. Er erscheint aber nicht als anthropomorphe Gestalt, seine Hände sind nicht gezeichnet. Lediglich Majuskeln zeigen ihre Anwesenheit an. Reduziert sich die Gottesvorstellung dadurch auf das reine Wort oder benötigt er, um sich auszudrücken, spezifische Dinge oder andere Instrumente?[196] Bei ihrer Suche nach Gründen für diese Beobachtung wirft die Schülerin die Frage nach der Theodizee zumindest implizit auf. Ihre Begründung deutet sich dort an, wo sie in Erwägung zieht, dass es so etwas wie ein göttliches Prä der Entscheidung geben könnte. Vor diesem Hintergrund reflektiert sie das Handeln Gottes kritisch.[197] Denn es ist auffällig, dass weder Herkunft noch Begründung für die zugrunde liegenden Entscheidungen angegeben werden: *Handelt es sich hier um ein je spezifisches Schicksal, das die Betroffenen ereilt? Haben sie es verdient oder wird es ihnen willkürlich zu Teil?*

---

[196] Eventuell ließe sich diese Vorstellung in Anlehnung an Wittekind ausführen, dem zufolge Gott in der monotheistischen Religionsfamilie „für das Wissen um das Vorliegen von religiöser Rede und der hermeneutischen Teilhabe des Wissenden an ihr" stehe. Wittekind 2018, 88.
[197] Vgl. dazu auch Maull 2017, 143.

3.4.5. Kem (16 Jahre)

3.4.5.1. Formulierende Interpretation

Vorikonographische Ebene

Abbildung 20: Bild von Kem

Zum Bildvordergrund

Im Zentrum des Bildvordergrundes ist ein Kreis mit Bleistift gezeichnet. In der Mitte des Kreises befinden sich Flächen von unterschiedlicher Größe, die mit einem grünen Buntstift ausgemalt wurden. Am Rand des Kreises sind weitere unterschiedlich große, ebenfalls grün ausgemalte Flecken gezeichnet. Sie scheinen sich um den Kreisrand zu legen und deuten eine Tiefe der Perspektive an. Die übrige Fläche des Kreises ist mit blauem Buntstift ausgemalt.

Zum Bildhintergrund

Der Bildhintergrund wurde weiß gelassen. Während links von dem Kreis mit Bleistift ein Schild gezeichnet ist, befindet sich rechts von dem Kreis – vom Stand des Bildbetrachters aus – eine Videokamera ebenfalls mit Bleistift gezeichnet. In der oberen rechten Ecke der Kamera erscheint ein roter Punkt.

Ikonographische Elemente: Common Sense Typisierung

Aufgrund der Lage der grünfarbigen Flächen zueinander kann der große Kreis im Bild als Erdkugel gedeutet werden. Während der rote Punkt in der Videokamera darauf hindeutet, dass die Kamera offenbar im Aufnahmemodus arbeitet, erinnert das Schild an mittelalterliche Waffen, vom Stil her auch an Kinderspielzeug.

3.4.5.2. Reflektierende Interpretation

Formale Komposition

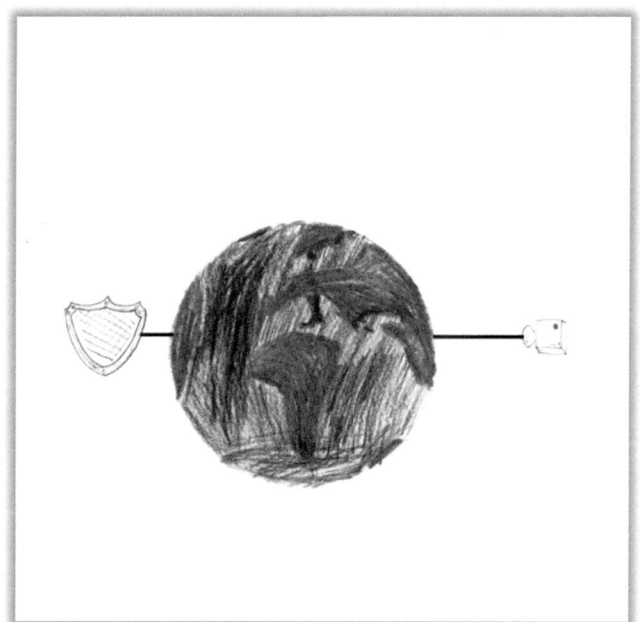

Abbildung 21: Planimetrische Komposition von Kem

Planimetrische Komposition

In diesem Bild fällt eine horizontal verlaufende Linie auf, die hinter der Erdkugel verläuft und das Schild auf der linken Seite mit der Kamera auf der rechten Seite verbindet. Die Waagerechte wird betont.

Szenische Choreographie

Die Erdkugel ist genau im Zentrum der bildlichen Komposition platziert. Kamera und Schild flankieren die Erdkugel, so dass insgesamt eine symmetrische Anordnung der einzelnen Elemente zu einem harmonisch wirkenden Ganzen erfolgt. Dabei ist die Erdkugel erheblich größer gemalt als die anderen beiden Elemente. Dies fokussiert noch einmal die Erdkugel als Mittelpunkt des Bildes. Kamera und Schild sind demgegenüber disproportional in Bezug auf ihre eigentliche Größe gezeichnet. Sie erscheinen sehr viel größer als sie eigentlich sind. Dies deutet auf eine erhebliche Relevanz der Dinge hin.

Perspektivische Projektion

Die perspektivische Wirkung des Bildes wird durch die Farben erheblich verstärkt. Die Erdkugel strahlt in blau und grün, während Kamera und Schild mit Bleistift gezeichnet wurden. Das Bild bietet dem Betrachter eine Zentralperspektive an.

Ikonische Interpretation

Die Erdkugel strahlt aufgrund ihrer Proportionen eine harmonische Einheit aus. Sie ruht in voller Pracht in der Mitte des Bildes, die verwendeten Farben wirken satt und kräftig. Die Erde verkörpert in ihrer Darstellung Fruchtbarkeit und Leben. Links von der Erdkugel ist ein Schild gezeichnet worden. Dieses Schild wirkt wie ein (Schutz-)Schirm, mit dessen Hilfe das Leben auf der Erde beschützt werden soll. Die Kamera ist rechts neben der Erdkugel platziert. Die Anordnung der Dinge kann auf zwei Arten interpretiert werden: *Erstens:* Die Kamera, die auf die Erdkugel gerichtet ist, steht für Überwachung und Kontrolle. Beide Artefakte, Kamera und Schild, werden durch die Frage verbunden, inwiefern Schutz mit Kontrolle und Überwachung zusammenhängt bzw. ob es das Eine ohne das Andere überhaupt geben kann. *Zweitens:* Die Kamera kommt die Aufgabe zu, die Schönheit der Erde in ihrem gegenwärtigen Zustand zu dokumentieren. Der Schild könnte dann zum Ausdruck bringen, dass die Erde unbedingt schützenswert ist.

3.4.5.3. Formulierende Textinterpretation

Gott überwacht uns ständig. Währenddessen schützt er uns indirekt. Er mischt sich jedoch nicht bei unseren Geschehnissen auf unserer Erde ein.

Gott überwacht „uns" ständig, allerdings scheint fraglich, ob das Überwachen wörtlich zu nehmen ist. Es spricht vielmehr Einiges dafür, dass das Überwachen im Sinne eines fürsorglichen Aufpassens gemeint ist. Denn Gott schützt die Menschen („uns") indirekt. Er greift nicht in die Geschehnisse auf „unserer" Erde ein. Der Schüler begründet mit dieser abschließenden Erklärung, aus welchem Grund sich trotz Gottes stetiger Überwachung auf diesem Planeten Dinge ereignen, die menschlichen Vorstellungen und Interessen zuwiderlaufen.

3.4.5.4. Reflektierende Interpretation

Der Schüler proponiert im Modus der Aussage, Gottes Verhältnis zu den in der Welt lebenden Menschen („uns"). Auffällig ist, dass der Schüler Gott nicht länger aus der Perspektive einer 3. Person adressiert, sondern seine Aussagen in der ersten Person im Plural formuliert. Er elaboriert im Modus einer leichten Antithese, dass Gottes Verhältnis zu uns nicht allein durch kontrollierendes Verhalten gekennzeichnet ist, sondern auch in Form einer spezifischen Haltung – der indirekten Fürsorge – erscheint. Er elaboriert also zugleich im Modus der Differenzierung. An Stelle einer Konklusion hält er im Modus einer weiteren Differenzierung fest, dass sich Gottes Verhalten aus der Distanz heraus vollziehe, nicht aber von einer direkten Anwesenheit bestimmt sei. In Form einer Transposition thematisiert auch diese Aussage eine spezifische Spannung.

3.4.5.5. Komparative Analyse

Ein Bruch mit traditionellen Vorstellungen wird deutlich sichtbar: Gott ist nicht länger Behüter der Menschheit, sondern er erscheint als fürsorgliche, aber passiv bleibende Instanz.

Der Schüler thematisiert in Bild und Bildbeschreibung Gott als eine Größe mit verschiedenen Aufgaben. Während auf dem Bild nicht ganz eindeutig ist, welche Funktion Kamera und Schild für die Erde haben und in welcher Weise wiederum die Gottesvorstellung zur Darstellung der einzelnen Artefakte steht, engt die schriftliche Beschreibung die Möglichkeiten ein Stück weit ein: Es geht nicht darum, die Schönheit der Schöpfung zu rühmen. Gott wird vielmehr als ständiger Beobachter beschrieben, der seine Schöpfung durch Dinge kontrolliert und auf diese Weise Fürsorge leistet. Wenn also Dinge geschehen, auf die er nicht nur Einfluss nehmen, sondern die er auch verhindern könnte, so hält er sich doch selbst von einem Eingreifen ab. Ob dies aus Gründen einer Selbstbeschränkung seiner göttlichen Allmacht geschieht, oder aber auf Grund seines spezifischen Willens, die erwachsen gewordene, heran gereifte Erde sich selbst zu überlassen, ist nicht zu entscheiden. Die Existenz eines Plans wird nicht angedeutet. Die Orientierung des Schülers basiert auf einer Ambivalenz im Gottesbild, die sich auf Gottes Wesen (Überwachung und Schutz), aber auch auf Gottes Handeln (Schutz bei gleichzeitiger Distanz) bezieht. Sie gibt ein Bemühen zu erkennen, Widersprüchlichkeiten zwischen göttlichem Sein und unvorhergesehenen Widerfahrnissen logisch zu durchdringen. Parallelen finden sich bei Few und Iem.

3.4.5.6. Typisierende Analyse

Der Schüler thematisiert in seinem Bild und in der passenden Bildbeschreibung die Rolle des *partiell passiv handelnden Gottes*, der sich in seinem Handeln selbst begrenzt. Seine Gottesvorstellung zeigt, dass auch er Gottes Beziehung zur Erde, die er explizit auf „uns" fokussiert, in logischer Hinsicht zu hinterfragen beginnt. Seine Lösung verweist auf spezifische Schwierigkeiten. Denkt sie einerseits Überwachung und indirekten Schutz zusammen, so stellt diese Zusammenschau andererseits Gottes Wirken als Einsatz für „uns" in Frage: Die Menschen sind sich selbst überlassen. Während die Gottesvorstellung durchaus mit anderen entwicklungspsychologischen Beobachtungen[198] übereinstimmt, eröffnet *die Frage nach logischer Auflösung der inhärenten Spannung im Gottesbild, Möglichkeiten des Weiterdenkens.*[199]

---

[198] Für größte Ratlosigkeit der Jugendlichen sorgt „das Problem der Nichtvereinbarkeit von Gottes Güte mit seinem mangelnden Eingreifen in die Welt." Maull 2017, 143.
[199] Vgl. dazu unten Kap. 3.6.2.4.; 4.2.2.

3.4.6. Lem (16 Jahre)

3.4.6.1. Formulierende Interpretation

Vorikonographische Ebene

Abbildung 22: Bild von Lem

Zum Bildvordergrund

Der Bildvordergrund ist geprägt von einem blauen Oval. Dieses wurde in die Mitte des Bildes gezeichnet. Rechts daneben ist eine Art brauner Stamm gemalt – mit grünen Flügeln, die sich zu bewegen scheinen.

Zum Bildhintergrund

Der Bildhintergrund ist von wellenförmigen gelben Strichen geprägt, die sich einerseits um Stamm und Oval drängen, andererseits bis hin zur Bildmitte erstrecken.

Ikonographische Elemente: Common Sense Typisierung

Das Bild zeigt einen kleinen See mitten im Wüstensand. Es könnte sich insofern um eine Oase handeln. Dieser Eindruck wird dadurch unterstützt, dass sich hinter dem etwas schräg stehenden Stamm mit Flügelwedeln eine Palme zu verbergen scheint. Die spezifische Anordnung von Oval und Stamm mit Flügeln kann unter Einbezug der wellenförmigen Striche als ein fruchtbarer Ort in karger Landschaft, d.h. als eine Oase gedeutet werden.

3.4.6.2. Reflektierende Interpretation

Formale Komposition

Planimetrische Komposition

In diesem Bild sind keine planimetrischen Linien erkennbar. Allenfalls um das Oval ließe sich ein Kreis ziehen.

Szenische Choreographie

Die Oase befindet sich etwa in der Mitte des Bildes: der blaue See bildet das Zentrum, die Palme neigt sich etwas von dem See fort. See und Palme rufen den Eindruck von etwas Paradiesischem, Guten inmitten der Wüste hervor. Die Wüste breitet sich um die Oase herum aus. Dadurch treten das Blau des Sees und das Grün der Palmenblätter umso deutlicher hervor.

Perspektivische Projektion

Das Bild ist in der Zentralperspektive gezeichnet. Der Blick des Bildbetrachters fällt direkt auf die in bunten Farben gemalte Oase, die aus der hellgelb dargestellten Wüste heraussticht.

Ikonische Interpretation

Das Bild stellt eine Oase in der Wüste dar. In der öden leeren Wüste scheint ein kleiner Ort Leben zu spenden, Reisende können sich während ihrer Reise durch die eintönige Wüste im Schatten der Palme erholen und sich im blauen See erquicken. Die Darstellung enthält zwar keinen ästhetischen Bruch, die Thematik des Bildes aber beinhaltet eine spezifische Ambivalenz: der öden Wüste steht das fruchtbare Leben in der Oase gegenüber. Die Palme bietet Schutz vor der Hitze, der See wirkt der Austrocknung durch Hitze entgegen. Die Oase schenkt Leben, spendet Kraft und bildet einen Zufluchtsort.

3.4.6.3. Formulierende Textinterpretation

Gott ist wie eine Fatamorgana, welche allerdings nicht verschwindet und welche man nie erreicht. Sie ist einfach nur in unserem Kopf und gibt uns Hoffnung.

Gott wird mit einer Fata Morgana gleichgesetzt. Gott wird in dieser Vorstellung mit einem Trugbild bzw. einer Art Phantom identifiziert. Er wird mit einem physikalischen Phänomen verglichen, das etwas zu sein vorgibt, das es eigentlich nicht ist, und zugleich mit etwas, das die Grenzen von Wirklichkeitserkenntnis übersteigt. Das, womit Gott hier allerdings verglichen wird, ist mehr als eine Fata Morgana. Er bleibt zwar unerreichbar, aber verschwindet nicht. Indem die Eigenschaften einer Fata Morgana auf Gott projiziert, ihm jedoch nur teilweise übertragen werden, entsteht ein deskriptiver Bruch. Der Schüler selbst schiebt Präzisierungen nach. Zur Begründung seines Vergleichs führt der Schüler aus, dass eine Fata Morgana Hoffnung spendet.

3.4.6.4. Reflektierende Textinterpretation

Der Schüler proponiert im Modus des Vergleichs, dass Gott mit etwas Verschwindendem, Unerreichbaren verglichen werden kann. Der Schüler elaboriert im Modus einer weiterführenden Erklärung, die in diesem spezifischen Fall zu präzisieren ist: Der Vergleich wird sprachlich korrigiert. Der Schüler konkludiert im Modus einer abschließenden Erklärung, dass das von ihm beschriebene Phänomen („sie") nicht in Wirklichkeit existiert, sondern nur in Gedanken. Zugleich aber transponiert er seine Konklusion, indem er auf der Bedeutung des Vergleichs insistiert („und gibt uns Hoffnung").

3.4.6.5. Komparative Analyse

Die Aussage enthält auf der Beschreibungsebene verschiedene Brüche: Zum einen kann eine Fata Morgana durchaus verschwinden, wenn man sich ihr nähert. Sie ist nicht real. Dies gilt zwar auch für Gott – wie eine Fata Morgana lässt er sich nicht physisch fassen, sondern er bleibt unerreichbar. Gott wird aber in einem korrigierten Vergleich adressiert: Er verschwindet nicht wie ein Trugbild, sondern bleibt konstant bestehen. Die Korrektur des Vergleichs ermöglicht, die Eigenschaften des Wesens Gottes zu benennen.

Zum anderen beschreibt der Schüler Gott in seinem Handeln: Obschon seine Existenz nicht grundsätzlich gegeben ist, fokussiert er die Extreme: wie eine Oase ist er in der Lage, mitten in trostloser Dürre Leben zu ermöglichen. Bild und Bildbeschreibung ergänzen sich: durch den Rückgriff auf die Fata Morgana wird die Gottesvorstellung wirkmächtig, sie spendet „uns" Hoffnung. Seine Orientierung lässt sich dort erkennen, wo er den eigenen Vergleich korrigiert.

Der Schüler knüpft an andere, ambivalente Vorstellungen von Gott an. Und auch die Überlegung, dass Gott letztlich lebensspendend wirkt, scheint Lem mit einer Reihe an Vorstellungen zu teilen – mit Iem, Jew, aber auch mit Kem.

Und noch ein Weiteres kommt hinzu: Während Akw davon auszugehen scheint, dass Gott sich für alle einsetzt, einigen aber besonders leuchtet, gilt die Hoffnung hier insbesondere denjenigen Menschen, die sich mit „uns" verbunden fühlen. Die Schüler*innen teilen eine Vorstellung nach der Gott grundsätzlich ein Gott für *alle* ist. Sie beziehen aber die Menschen so in ihre Vorstellung von Gott mit ein, dass Gott sich einigen besonders zuwendet.

3.4.6.6. Typisierende Analyse

Gott wird in einer Ambivalenz beschrieben: *Gott kann nie erreicht werden, aber er ist dennoch immer da.* Gott wird aber nicht auf diese Ambivalenz reduziert, sondern er eröffnet gerade in dieser Ambivalenz neues Leben. Gerade dadurch, dass die Oase inmitten der eintönigen Wüsten einen paradiesischen Kontrapunkt setzt, erweist sich der Vergleich als Leben spendend, Schutz und Zuflucht gewährend. Denn dass hier eine Fata Morgana dargestellt ist, lässt sich aus dem Bild selbst nicht entnehmen.

Erst die Bildbeschreibung stellt diesen Zustand in Frage, in dem sie den Bildinhalt nachträglich als Fata Morgana ausweist. Da der Vergleich aber nicht vollständig ausgeführt ist, Gott verschwindet im Unterschied zur Fata Morgana nicht, wird er in der Vorstellung des Schülers nicht mit einer unstillbaren Sehnsucht oder einer heiklen Illusion, sondern mit etwas Positivem verbunden: einer begründeten Hoffnung, die sich daraus nährt, dass Gott immer anwesend ist und die darin ihre Wirk-samkeit entfaltet, dass er „für uns"[200] da ist.[201] *Aber ist dies wirklich so?*

3.4.7. Mem (16 Jahre)

3.4.7.1.Formulierende Interpretation

Vorikonographische Ebene

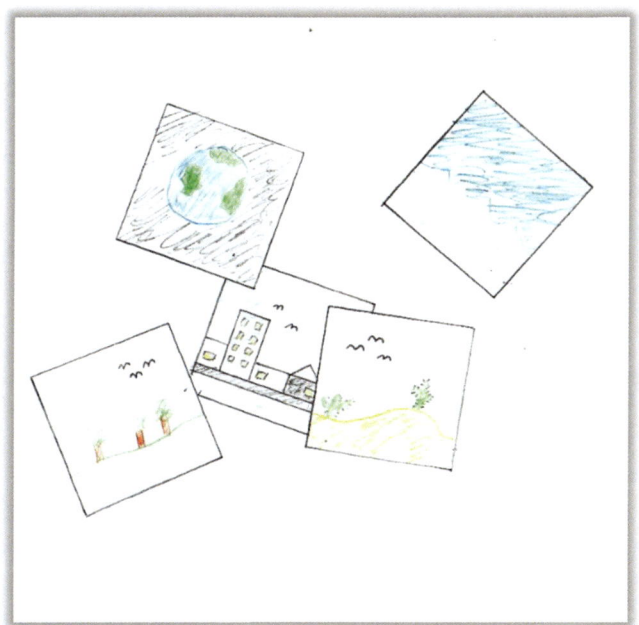

Abbildung 23: Bild von Mem

Bildvordergrund - Bildhintergrund

Über die Fläche der gesamten Zeichnung verteilt finden sich fünf qua-dratische, mit Bleistift gezeichnete Bilder, von denen sich vier teilweise überlappen.[202] Das *erste* Mini-Bild, in der unteren linken Bildecke –

---

[200] Zur Bedeutung des menschlich Solidarischen vgl. Maull 2017, 141 f.

[201] Mit dieser Vorstellung scheint ein Problem angesprochen, das andere Ju-gendliche insofern aufwerfen, als sie nicht wissen, wie Gott „für die Menschen verständlich handelt." Vgl. Maull 2017, 143.

[202] In diesem Bild wird aufgrund der Bilddichte im Interpretationsschritt „Bild-vordergrund" eine Deutung der Elemente teilweise vorweggenommen.

vom Stand des Bildbetrachters aus – zeigt drei Bäume, die auf einer Wiese stehen. Der Bildhintergrund dieses Bildes besteht aus einem blauen Himmel und Vögeln, die in die obere rechte Bildecke gezeichnet wurden. Das *zweite* Mini-Bild befindet sich in der Mitte des Bildes und zeigt im Vordergrund mehrere Häuser, vor denen eine Straße und eine grüne Wiese verlaufen. Der Hintergrund des Bildes wird von einem blauen Himmel mit Vögeln eingenommen. Das *dritte* Mini-Bild grenzt an der linken Bildkante an das zweite Mini-Bild an und überschneidet es in einem diagonalen Winkel. Das Mini-Bild enthält im Vordergrund gelben Sand und darauf wachsende Kakteen. Der Bildhintergrund zeigt einen blauen Himmel mit Vögeln. Das *vierte* Mini-Bild grenzt an der oberen linken Ecke des zweiten Mini-Bildes an und präsentiert eine Erdkugel. Der Bildhintergrund ist mit Bleistift ausgemalt. Das *fünfte* Mini-Bild befindet sich in der rechten oberen Bildecke des Bildes und zeigt zwei in unterschiedlichen Blautönen gemalten Bildhälften, die durch eine klar verlaufende Linie voneinander abgetrennt sind.

Ikonographische Elemente: Common Sense Typisierung

Aufgrund der gezeichneten Mini-Bilder lassen sich unterschiedliche Landschaften und verschiedene Szenen identifizieren. Das *erste* Mini-Bild zeigt eine grüne Landschaft, das *zweite* Mini-Bild stellt eine Wohnsiedlung vor, die aus einzelnen Häusern besteht, das *dritte* Mini-Bild zeigt eine Wüste, das *vierte* Mini-Bild präsentiert einen Ausschnitt des Universums mit der Erde und das *fünfte* Mini-Bild enthält ausschließlich Wasser und Luft als Bestandteile der Elemente. Alle fünf Bilder zeigen verschiedene Ausschnitte die etwas mit dem Leben auf der Erde zu tun haben.

3.4.7.2. Reflektierende Interpretation

Formale Komposition

Eine planimetrische Komposition ist nicht zu erkennen. Auffällig ist, dass vier der Mini-Bilder miteinander verbunden sind, insofern sie sich an den Ecken jeweils überlappen. Ein einzelnes Bild befindet sich etwas abseits der übrigen Bilder.

Szenische Choreographie

Vier der Mini-Bilder sind mittig angeordnet. Dadurch, dass sie sich teilweise überschneiden, entsteht der Eindruck, dass die Ansammlung eher willkürlich erfolgt ist. Das fünfte Bild tanzt demgegenüber etwas aus der Reihe. Es scheint aus dem Rahmen heraus zu kippen.

Perspektivische Projektion

Die Anordnung der Bilder vermittelt dem Bildbetrachter, dass dieser auf die Bilder hinunterschaut. Gleichwohl handelt es sich nicht direkt um eine Vogelperspektive. Zum einen lässt sich die spezifische Perspektive dadurch erklären, dass die Bilder offenbar nacheinander auf eine flache Ebene gelegt wurden. Dadurch scheint sich eine begrenzte Anzahl von unterschiedlichen Bildern dem Bildbetrachter direkt zuzuwenden. Zum anderen spielt die Zeichnung insgesamt mit der Vorstellung, dass die Bilder an einer Wand aufgehängt wurden. Dann allerdings wäre die Zentralperspektive gewählt.

Ikonische Interpretation

Die Bilder sind in keiner erkennbaren Reihenfolge angeordnet, sondern scheinen zufällig aufeinander geworfen. Dieser Eindruck wird durch die sich überlappenden Ecken und Kanten erzeugt. Ein logischer Zusammenhang der Bilder untereinander ist nicht erkennbar. Sie scheinen eher wahllos ausgewählt. Gleichwohl werden einige Motive wie die Natur durch Zeichnungen von Vögeln, Pflanzen sowie des Himmels in verschiedenen Mini-Bildern wiederholt.

Die übrigen Gegenstände wie etwa die verschiedenen Häuser oder die Erdkugel befinden sich ebenfalls in einer dissonanten Ordnung. Die einzelnen Darstellungen decken Ausschnitte eines breiteren Spektrums ab, das sich unter den Oberbegriffen „Leben" und „Natur" zusammenfassen lässt. Denkbar sind Szenen, die das Leben im Universum thematisieren.

3.4.7.3. Formulierende Textinterpretation

In meiner Vorstellung ist (Gott) alles. Manche glauben an ihn und mache nicht, aber er ist immer da. Er hat die Welt nicht erschaffen, sondern war schon immer dort.

In seiner Beschreibung erörtert der Schüler, dass (Gott) in seiner Vorstellung alles ist. Auch wenn gelte: „*Manche glauben an ihn und mache nicht*", so sei Gott doch „*immer da*". Obwohl Gott die Welt also nicht erschaffen habe, ist seine physische Existenz unbestritten. Bei der Beschreibung bleibt allerdings unklar, ob die Welt schon immer da war oder ob sie durch etwas Anderes geschaffen wurde. Im diesem Fall müsste Gott, der alles ist, dann allerdings auch die Welt selber sein. Nicht der Glaube an die Existenz Gottes, sondern sein Handeln wird problematisiert.

3.4.7.4. Reflektierende Textinterpretation

Der Schüler proponiert im Modus seiner subjektiven Vorstellung, dass Gott „alles" ist. Die Elaboration befasst sich zunächst mit verschiedenen Zugängen, die sich aus der Proposition ergeben. *Einige Personen teilen die Vorstellung des Schülers, andere nicht.* Dies setzt allerdings voraus, dass das „glauben" die Vorstellung, dass Gott alles ist, widerspiegelt. Der Schüler elaboriert im Modus einer Antithese, dass *Gott schon immer da sei* und zwar offensichtlich unabhängig von dem, was andere darüber denken. Dies impliziert, dass Gottes Existenz nicht von der Glaubenskraft der Mitmenschen abhängig ist: Gott ist auch dann „da", wenn nicht an ihn geglaubt wird. Die Konklusion unterstreicht, dass Gott, *der alles (in allem) ist, die Welt nicht erschaffen haben kann, da er sich seit jeher in Beziehung zur Welt befindet.* In einer spezifischen Transposition wird dieser Umstand problematisiert. Es ist zu klären, wo Gott war, bevor die Welt war.

3.4.7.5. Komparative Analyse

Der Schüler hat in seiner Gottesvorstellung Gott als „alles" beschrieben. Bild und Beschreibung ergänzen sich in dem Punkt. Der Schüler hat seine Vorstellung bildlich umgesetzt. In seinem Text geht der Schüler aber über die Beschreibung seines gemalten Bildes hinaus, indem er über den Glauben von dritten Personen ausführt, dass durchaus unterschiedliche, d.h. konträre Vorstellungen über die Gottesbeziehung bestehen. Insofern lässt sich an dieser Stelle ein deutlicher Bruch verzeichnen: Dieser betrifft weniger den Umstand, dass er zwischen seiner individuellen Überzeugung, dass Gott alles in allem ist, und den Beobachtungen der unterschiedlichen Auffassungen seiner Mitmenschen unterscheidet, als vielmehr eine inhaltliche Spannung: Wenn Gott alles in allem ist, dann muss sein Schöpferdasein dazu in Beziehung gesetzt werden.[203]

Die Orientierung des Schülers lässt sich dort greifen, wo er überlegt, wie sich Gottes Sein darstellen lässt, wenn Gott einerseits der Zeit enthoben („er ist immer da"), andererseits schöpfungstheologisch – und zwar offensichtlich entgegen seiner eigenen Aussage – zu denken ist.

In seinem Versuch, Gottes Wesen durch eine spezifische Eigenschaft zu beschreiben, erinnert er einerseits an Eem, der einen ähnlichen, andererseits an Iem, der einen entgegengesetzten Schluss zog: Gott hat einmal gehandelt, sich aber jetzt zurückgezogen.

3.4.7.6. Typisierende Analyse

Aufgrund der Darstellung von Gott kann dieses Bild dem Typus *einer allumfassenden Gottesvorstellung* zugeordnet werden. Der Schüler bemüht sich darum, alle Menschen davon zu überzeugen, dass Gott schon immer da war. Damit ist nicht die Notwendigkeit der Rede von der Schöpfung bestritten, sondern eine gewichtige Problemanzeige gestellt: Entweder man trennt das Nachdenken über Gottes Dasein von seinem Schöpfersein. Die Naturwissenschaft ist befreit, die Evolution in Gang zu setzen, aber Theologie und Wirklichkeitsbeschreibung haben nichts miteinander zu tun, sie verlaufen parallel. Oder aber man trägt diese Überlegung in Gottes Schöpferdasein selbst hinein: wenn Gott immer schon da war, dann ist zu überlegen, wie die Schöpfung so gedacht werden kann, dass sie auch mit einem Wissenschaftsbegriff vermittelbar wird. Denn, *wenn die Welt nicht erschaffen wurde, dann ist sie auch nicht entstanden.* Veränderungen könnten im Umkehrschluss nicht länger ausgesagt werden.

Mit dieser selbst gesetzten bzw. selbst gewählten Aufgabenstellung rücken auch noch einmal die Versuche anderer Zehntklässler in den Fokus, die sich an Dissonanzen in ihrem Gottesbild abarbeiten, aus denen sich vergleichbare Fragestellungen entwickeln. Mem zieht zwar eine

---

[203] So betrachtet ist die Vorstellung, die Welt wäre ewig, ein Gedanke, der zwar an Augustins Vorstellung von der Weltbegründung im Gottesgedankens entwickelt werden kann, der aber einem christlich-biblischen Schöpfungsverständnis widerspricht: Gott könnte dann nicht mehr allein die Ehre gegeben werden. Wittekind 2018, 122.

120

höchst eigenwillige Konsequenz, er formuliert aber ein gewichtiges Problem.

Die Aussage, dass Gott „immer da" ist, knüpft an die Überzeugungen gleichaltriger Personen an. Während Maull in ihren Diskussionen über herkömmlich-traditionelle Zeichnungen ein Schweigen konstatiert, nämlich beobachtet, dass die Schüler*innen keine Beispiele für ihre Aussagen nennen könnten,[204] wird an der vorliegenden spannungsvollen Zeichnung *eine komplexe, größere Problematik* entwickelt.

3.5. Die Gottesbilder Zehntklässler[205]

3.5.1. Zeichnerische Reduktionen und symbolische Gottesvorstellungen

Im Vergleich zu den Sechstklässlern sind die Bilder der Zehntklässler erheblich weniger farbgestaltig. Sie erzählen keine Geschichten mehr, sondern bilden meist einen spezifischen Zustand ab. Diese Beobachtung wird auf der Ebene der Planimetrie unterstützt: Einige Bilder kommen ganz ohne entsprechende Linien aus, da sie die Anzahl der Gegenstände bzw. beteiligten Personen bis ins Extrem zu reduzieren scheinen.[206] Gleichwohl weisen fast alle Bilder eine Zentralperspektive auf, die die besondere Bedeutung der Gottesvorstellung unterstreicht. Ähnliches gilt für die szenische Choreographie, in der das Gemalte überwiegend mittig verordnet ist. Dass dem Gottesbild eine randständige Bedeutung zukäme, lässt sich für die analysierten Zeichnungen nicht bestätigen.

Alle Schüler*innen haben Gott abstrakt-symbolisch gezeichnet, eine personal-anthropomorphe Darstellung kommt in diesen Zeichnungen der Zehntklässler nicht vor. Dies bedeutet allerdings nicht, dass sich die

---

[204] Maull 2017, 142.

[205] Im Folgenden geht es wiederum um die Zusammenfassung der formalen und reflektierenden Interpretationsschritte – überwiegend mit Bezug auf die Bildinterpretation.

[206] Dieser Befund scheint nicht zuletzt auf die zeichnerische Entwicklung der Jugendlichen zurück zu gehen, die diesbezüglich weit weniger kreativ sind als sie es als Kinder waren. Maull setzt sich mit den zeichnerischen Fähigkeiten Adoleszenter auseinander und konstatiert eine entsprechende Abnahme, die gelegentlich mit etwas Scham verbunden ist. Vgl. Maull 2017, 60 f.

121

Jugendlichen lediglich aus einer distanzierten Perspektive auf das eigene Gottesbild beziehen. Die schriftlichen Äußerungen verdeutlichen, dass sie sich in ein spezifisches Verhältnis zu Gott setzen: Sie beziehen persönlich Position.

Die Schüler*innen betrachten Gott auch in seiner Beziehung zu den Menschen. Es erscheinen Personalpronomina wie „uns", gelegentlich oder selten werden auch Demonstrativpronomina wie „die anderen", „manche" herangezogen. Sie werden nicht mehr als „alle Menschen" oder „die Menschheit" abstrakt bezeichnet.

Zwar finden sich nur wenige explizite Motive, die an Religiöses oder religiöse Symbolik erinnern. Im Vergleich zu den Bruchbildern der Sechstklässler, die entsprechende Darstellungen nicht enthalten, ist aber auffällig, dass christliche Symbole überhaupt erscheinen. Dies gilt für das Kreuz bei Gkm, für den Heiligenschein (ebenfalls Gkm, Kem) sowie für „GOTTES HÄNDE" bei Jew.[207] Die übrigen Darstellungen knüpfen demgegenüber an abgewandelte herkömmliche Gottesbilder an: die Schöpfung wird symbolisch als Erdkugel ins Gespräch (Iem, Jew, Kem) gebracht. Gelegentlich werden Einblicke in Ausschnitte und Szenen, die auf der Erde stattfinden (die Oase bei Lem sowie die 5 Bilder von Mem), gewährt. Das Interesse an der Schöpfung scheint insofern auffällig, als Maull daraufhin hinweist, das in ihrem Sample mit zunehmendem Alter die Erdkugel zwar auch weiterhin gezeichnet wird, demgegenüber Schöpfungsvorstellungen deutlich abnehmen.[208]

Von nicht unerheblicher Bedeutung scheint, dass zumindest in den Bruchbildern Themen wie die Auferstehung, aber eben auch die Schöpfungsproblematik angesprochen sind. Dabei bieten die Zehntklässler in der Regel spezifische Lösungen für die Spannung zwischen Gottes (Nicht-)Eingreifen und den spezifischen Vorstellungen über sein Wesen an. Sie fragen nach den Bedingungen der Möglichkeiten seines Existierens und Handelns. Es handelt sich um Themen, die als relevant

---

[207] Jew setzt als einzige die Erdkugel sichtbar mit Religiösem in Beziehung.
[208] Sie verweist diesbezüglich auf das Problem der Frage nach der Nicht-Vereinbarkeit von Gottes Güte mit seinem mangelnden Eingreifen in die Welt. Maull 2017, 150–151.

für Gottesvorstellungen von Oberstufenschüler*innen bezeichnet werden können.[209]

3.5.2. Gott und die Dinge

Die Zeichnungen der Zehntklässler enthalten keine körperlichen Elemente, die Gott symbolisch repräsentieren: Die Friedenstaube gilt als seine Gehilfin (Hkm), Gottes Hände in Majuskelform umfassen die Erdkugel von oben und von unten (Jew).

Veränderungen gegenüber den Darstellungen der Sechstklässler zeigen sich auch im Umgang mit Dingen, die weniger Gottes Wesen beschreiben als vielmehr seine spezifischen Eigenschaften verkörpern. Anstelle von Stab (für Führertum), Pult (für Macht), Bierflasche und Zigarre (für Menschlichkeit und Genuss) fokussieren sich die Darstellungen auf ein spezifisches Handeln Gottes, das in Gestalt der Dinge ambivalente Wirkungen entfalten kann. So ist das Kreuz zunächst ein Platzhalter, es entwickelt sich aber zu einem zentralen Instrument, mit dem Gottes Wirken beschrieben werden kann (Gkm). Auch der Kometenschweif steht zunächst für etwas Anderes ein – hier für etwas Bedrohliches –, transformiert sich dann aber zu einem Instrument, mit dem Gott die Entstehung der Menschheit in Gang setzt (Iew). Während Schild und Kamera Gottes ambivalentes Handeln an der Welt zum Ausdruck bringen (Kem), erweisen sich See und Palme als Fata Morgana und damit als Wegbereiter eines ambivalenten Gottesbildes (Lem). Die fünf Einzelbilder bilden das Universum ab, werden mit Blick auf die Erschaffung der Welt aber ihrerseits einer Problematisierung unterzogen (Mem).

In den Dingen fokussieren sich spezifische Aspekte des Handelns Gottes. Sie stehen für spezifische Wirkungen, die vom jeweiligen Kommentar im Text zurückgenommen werden: unerreichbar, aber im Kopf real, nur ein Erschaffen statt gleichzeitigen Bewahrens, Universalität bei gleichzeitiger Einschränkung der Funktionalität, Nichtverschwinden bei gleichzeitiger Unerreichbarkeit, Allpräsenz im Widerspruch zur Schöpferrolle.

Die Dinge verändern das Nachdenken ihrer „Schöpfer*innen", die sie hervorbringen. Gott erscheint auch bei den Zehntklässlern nicht einfach

---

[209] Karin Möller nennt diesbezüglich Schöpfung, Atheismus, Frieden, Theodizee und Gottesbild. Vgl. Möller 2010, 50, 61–63, 67–68.

als der allmächtige Gott. Die Veränderungen erlauben es aber, mit seinen Eigenschaften zu experimentieren. So lässt sich sein grundsätzliches Verhalten gegenüber Welt und Menschen als *Schutz* oder *Überwachung* beschreiben. Er muss sich aber nicht mehr für unerwartete oder unerwünschte *Ereignisse* verantworten. Die Dinge erlauben es, die Geschehnisse in der Welt so zu erklären, dass neue religiöse Konzepte sichtbar werden. Im Einzelnen handelt es sich um die Selbstbeschränkung der Allmacht, das Weiterdenken von Spannungen im Gottesbild, den Plan im Sinne eines Prä der Entscheidung, die Menschheitsentwicklung als Gattungsbejahung sowie Stellvertretung eigener Gottesvorstellungen.

Die Gottesbilder der Schüler*innen lassen sich nicht im eigentlichen Sinne als positiv beschreiben, sondern sie gestalten sich kritisch-konstruktiv. Sie enthalten verschiedene Vorstellungen, die mannigfache Impulse zu weiterem Nachdenken über Gottes Handeln geben.

Im Reflektieren gestehen die Schüler*innen Gott aber auch eine Rolle für die eigene Sinnsuche zu. Der zeichnerisch-symbolischen entspricht dabei eine funktionale Veränderung: Es geht nicht länger um den Unterschied zwischen Gottes Wesen und seinem Handeln, sondern um die Frage nach der Bedingung der Möglichkeit seines Handelns, die auf ein verändertes Gotteskonzept[210] drängt.

3.5.3. Brüche in den Darstellungen der Zehntklässler

In die *erste* Kategorie – das Bild zeigt eine abweichende Darstellung vom *herkömmlich-traditionellen Gottesbild* auf – können alle Bilder eingeordnet werden. Anthropomorphe Darstellungen finden sich nicht. Eine Nähe zu herkömmlichen Gottesbildern zeigt Jews Darstellung, die zwar keinen weißen Mann mit Bart, wohl aber eine verbreitete Motivik (Erdkugel und Hände) bemüht. Gegenüber den in der Literatur dokumentierten Beispielen fallen die Großbuchstaben aus dem Rahmen. Die Bilder insgesamt versuchen, Gottes Handeln als vergangenes Ereignis, künftiges Geschehen oder im gegenwärtigen Vollzug befindlich darzustellen.

---

[210] Vgl. Kap. 3.6.2.

Mit Blick auf die *zweite* Kategorie – das Bild selbst weist einen thematischen Bruch auf – lassen sich keine Darstellungen nennen. Die Zuordnung einzelner Dinge erfolgt ohne größere Spannungen, allenfalls mit leichten Irritationen. Dies unterscheidet die Zeichnungen der Zehnt- von den Sechstklässlern.

Von größerer Bedeutung scheint hingegen die *dritte* Kategorie – das Bild zeigt eine Divergenz bzw. einen Bruch zwischen Bild und Bildbeschreibung. Dabei wird thematisiert, dass etwas gemalt worden ist, was nicht gemalt werden sollte bzw. umgekehrt. Der Bruch befindet sich damit in etwa auf der Ebene eines dekonstruktivistischen Ansatzes: „Ceci n´est pas une pipe".[211] Dieser Kategorie, die den Bruch insbesondere verbal artikuliert, lassen sich fast alle Bilder zuordnen. Diskutabel ist sie für die Darstellungen von Jew und Mem, die weniger einen Bruch als vielmehr eine Spannung zum Ausdruck bringen.

Schließlich scheint eine neue *vierte* Kategorie hinzu gekommen, eine Kategorie, die Konsequenzen aus der Gegenüberstellung von Bild und Text zu ziehen scheint. Es handelt sich dabei um jene Varianten, in denen einmal gefundene Antworten bzw. Lösungen vom Text her in Frage gestellt sind. Dieses spezifische Merkmal der vierten Kategorie verdichtet sich in der Figur der Transposition auf der Ebene der reflektierenden Interpretation. Sinn und Zweck ihres Erscheinens bestehen darin, über das vorgestellte Konzept hinauszugehen und neues Fragen vorzubereiten.

3.6. Gottesvorstellungen der Zehntklässler

3.6.1. *Gottesbilder als Gottes Darstellungen*[212]

3.6.1.1. Wie ist Gott darstellbar, wenn er nicht vorstellbar ist?

Einige Ansätze interessieren sich für die Frage, *wie Gott darstellbar wird, wenn er nicht vorstellbar* ist. Das Kreuz mit Heiligenschein er-

---

[211] Vgl. dazu Cottin 2007.
[212] An dieser Stelle wird wiederum die komparative Analyse mit einem Schwerpunkt auf dem Text fokussiert. Dabei geht es nicht wie bei den Sechstklässlern um Gottes Wesen, sondern es wird nach den Bedingungen der Möglichkeit für Gottes Handeln gefragt.

setzt zum einen eine anthropomorphe Gottesdarstellung. Es problematisiert das Phänomen mangelnder Vorstellungskraft: Gottes Attribute erscheinen in Buchstabenform. Als ins Kreuz eingeschriebener Kommentar erinnern die Worte Traditionen, die sich mit biblischen Vorstellungen verbinden. Der fehlenden persönlichen Gottesvorstellung werden traditionell-symbolische (Herrscher über Leben und Tod), aber auch solche Eigenschaften attribuiert, die sich Menschen übereignen lassen (Weisheit und Schutz gewährender Mensch). Ohne dass davon bereits das eigene Gottesverhältnis betroffen wäre, ist hier *eine eigene Gottesvorstellung* entwickelt. Sie macht darauf aufmerksam, dass das menschliche Leben, einschließlich der Spanne zwischen Leben und Tod einer göttlichen Macht unterworfen ist (Gkm).

Und noch ein weiterer Schüler thematisiert das Problem, Gott nicht vorstellen zu können. Er findet eine Antwort, indem er sich den Gedanken der *Stellvertretung* zu eigen macht, ohne ihn im klassischen Sinne aufzunehmen: Ein Vogel mit Heiligenschein tritt im Bild zunächst an Gottes Stelle. Das Geschöpf ruft traditionelle Assoziationen hervor. Es erhält zwischen Gott und Mensch vermittelnde Funktionen, wird aber nicht als Heiliger Geist adressiert. Im Text ist es als Friedenstaube bezeichnet. Gott wird nicht durch einen Stellvertreter ersetzt, er wirkt *durch eine Vermittlerin* (Hkm).

3.6.1.2. Wie werden Menschen ihrer Gottes Beziehung gewärtig?

Das Bild von Jew lässt sich einem vermittelnden Typus zuordnen. So erscheint Gott nicht in anthropomorpher Gestalt. Großbuchstaben zeigen seine Anwesenheit an. An dieser Stelle geht es aber weniger um die Frage, wie sich Gott symbolisch in Form von Dingen auf die Welt bezieht. Im Zentrum der Aussage steht vielmehr das Problem, wie Menschen seiner Beziehung zu ihnen gewärtig werden. Bei der Klärung dieser Frage greift das Bild die symbolische Darstellung des beschützenden Gottes auf. Die Geste seiner Hände deutet an, dass sein „Ja" zur Welt im Grundsatz gilt. Gleichwohl zeigt die Erfahrung mit dem Leben, dass diesem „Ja" keine kontinuierliche Erfahrung entspricht. Da manche Dinge passieren müssen, bleibt aber diese Einschränkung nicht das letzte Wort.

Einen etwas anderen Blick auf die menschliche Beziehung zu Gott entwickelt Iem. Er entwirft ein Gottesbild, das traditionelle Vorstellungen außer Kraft zu setzen scheint. Ein Zusammenstoßen von Komet und Erde wird absichtlich von Gott verursacht. Eine gewaltige Kraft erzeugt jenes Ereignis, aus dem heraus die Evolution der Menschheit entsteht. Gott ist Inaugurator einer Entwicklung, der sich die Menschheit verdankt. Und dennoch bleibt die Erde sich selbst überlassen.[213] Gott ist kein beständiger Begleiter, der die von ihm angestoßenen Entwicklungen verfolgt. Er zieht sich aus seinem Experiment zurück. Aber auch wenn der Mensch auf sich selbst gestellt bleibt, so kann er sich mit dem Gedanken trösten, dass die Menschheit von Gott gewollt worden ist.

Auch die Gottesdarstellung von Kem greift mit Schild und Kamera auf Dinge zurück. Gott ist vor allem eine beschützende Macht: Mit dem Schild wehrt er Gefahren, die sich der Erde von außen nähern, ab. Mit der Kamera kontrolliert er die Menschen, die im Innern des Erdkreises leben. Die Menschen sind sich aber dennoch selbst überlassen: weder lässt die Distanz, aus der sie Beobachtung und Schutz genießen, eine persönliche Beziehung zu, noch können sie selbst Kontakt zu ihm aufnehmen. Ein Gott, der die Menschen sich selbst überlässt, kann es mit dem Schutz nicht so ernst nehmen.

3.6.1.3. Wie ist Gott in seiner Schöpfung gegenwärtig?

Konkreten Fragen nach der Gegenwart Gottes in seiner Schöpfung widmen sich zwei weitere Schüler. Gott wird bei Lem in seiner Ambivalenz beschrieben: Mit dem Bild der Oase stellt er sich Gott als Fata Morgana vor. Wie jene lässt er sich nicht physisch erreichen. Im Gegensatz zur Fata Morgana ist er aber in Gedanken oder in der Vorstellung immer da. Er verschwindet nicht. Diese Überlegung ermöglicht, Gottes Dasein nicht nur in seinem Anderssein zu denken, sondern dieses Anderssein auch als eigenes Konzept für die Fragen nach Gott zu bestimmen: Gott ist unterreichbar, aber immer da.[214]

Die fünf kleinen Einzelbilder von Mem thematisieren ihrerseits einzelne Aspekte der Schöpfung und insistieren darauf, dass Gott alles in

---

[213] Zur Schöpfungsvorstellung vgl. Wittekind 115–132.

[214] Die Rede von Gottes Eigenschaften lässt sich nur als reflexive Selbstbeschreibung des christlichen Glaubens lesen. Außerhalb der religiösen Rede komme seinem Wesen keine Gegenständlichkeit zu. Mit dieser Aussage soll ein negativer Bezug auf die Welt verhindert werden. Wittekind 2018, 93.

allem sei. Die Ausführungen greifen über einen menschlich vorstellbaren Zeitraum hinaus. Sie problematisieren das Nachdenken über die Rede von Gottes Schöpferdasein als Gottes Andersseins. Über zeitliche und räumliche Dimensionen scheint er erhaben: „Er ist immer [...] da, war schon immer dort." Für sein Verhältnis zur Schöpfung bedeutet dies, dass Gott nicht von ihr abgelöst werden kann: Ohne sie geschaffen zu haben, ist er mit ihr identisch. Die Frage nach dem Anderssein fokussiert seine Existenz in der Zeit.

3.6.1.4. Bemerkungen

Einige Schüler*innen versuchen eine eigene Gottesvorstellung zu entwickeln, obschon Gott für sie eigentlich nicht darstellbar ist. Sie greifen auf eine christlich-biblisch inspirierte Symbolik zurück. Göttliche und menschliche Eigenschaften sowie die implizite Auseinandersetzung mit dem Stellvertretungsgedanken erlauben, ihre Beziehung zu Gott neu zu gestalten. Gott wird nicht vermenschlicht, unter Rückgriff auf die Dinge wird sein Wesen vielmehr neu bedacht.[215]

Für andere Schüler*innen gestaltet sich Gottes Beziehung zu den Menschen in noch unvollendeten Alternativen. Dabei werden Aporien aufgezeigt, die sich aus dem Denken von Eigenschaften und Wirkungen ergeben. Sie bleiben in menschlichen Schicksalen sowie mit Blick auf die Menschheitsentwicklung, aber auch den globalen Zustand der Schöpfung in räumlicher Distanz bestehen. Aus dieser Distanz heraus kann Gott insgesamt Schutz gewähren. Gottes direkte Anwesenheit erscheint als ausgeschlossen. Seine Abwesenheit wird auf spezifische Weise erklärt: Gott ist nicht nicht existent, er hält sich aber spürbar und absichtlich zurück. Die Schüler*innen erklären seine Abwesenheit zur Nicht-Anwesenheit und führen sie auf seine räumliche Position zurück. Aus dieser Spannung ergeben sich nicht wenige Möglichkeiten des (gemeinsamen) Weiterdenkens.[216]

---

[215] Diese Vorstellung lässt sich in Anlehnung an Wittekinds Ausführungen zum Thema Gott diskutieren, der zufolge Gott in der monotheistischen Religionsfamilie „für das Wissen um das Vorliegen von religiöser Rede und der hermeneutischen Teilhabe des Wissenden an ihr" stehe. Wittekind 2018, 88.
[216] Angedacht werden kann u.a., Gottes Handeln als Geheimnis zu verstehen und insofern Rückfragen als existenzbereichernd anzugehen. Möglich wäre aber auch, die Kategorie der Hoffnung von hier aus in den Blick zu nehmen.

Nicht die Beziehung Gottes zu den Menschen, sondern sein Verhältnis zur Schöpfung in Gestalt von Welt und Universum steht im Mittelpunkt von weiteren Überlegungen. Geht es im ersten Fall um das Denken des Verhältnisses Gottes zu sich selbst, so im zweiten Fall um das grundsätzliche Verhältnis Gottes zu seiner Schöpfung. In beiden Fällen wird nicht auf Überlegungen der christlichen Tradition zurückgegriffen. Die Fälle problematisieren vielmehr die traditionellen Denkmodelle und entwickeln eigene Vorstellungen, mit denen sich Gottes Andersheit dokumentieren lässt.

In ihren Gottesbildern thematisieren die Zehntklässler Schwierigkeiten im Umgang mit der eigenen Gottesbeziehung. Ein Vergleich der komparativen Analysen ergibt, dass die Frage nach den Bedingungen der Möglichkeit für Gottes Handeln zu veränderten Konzeptionen führen kann: Die Zehntklässler zeigen ein neues Denken über die eigenen Gottesvorstellungen, sie problematisieren herkömmliche Modelle, weisen auf Spannungen hin, lassen hergebrachte Modelle als ambivalent erscheinen und entwickeln eigene Positionen, die die Andersheit Gottes betonen.[217] Dabei wird gelegentlich auch das Handeln Gottes kritisch betrachtet, das im Folgenden noch einmal separat auf die ihm zugrunde liegenden Konzepte hin zu fokussieren ist.

3.6.2. Gottesdarstellungen im Spiegel der Handlungen Gottes[218]

3.6.2.1. In welchen Formen äußert sich Gottes Handeln gegenüber den Menschen?

Zwar insistiert der Schüler Gkm darauf, dass er keine Beziehungen zu Gott unterhalte. Gottes Wirken scheint ihm aber gleichwohl wichtig zu sein: Göttliche und menschliche Eigenschaften werden existentialisiert und in das eigene Vorstellen integriert. Entgegen einer ersten Äußerung erscheint Gott an den Grenzen menschlicher Existenz und auch das ei-

---

[217] An dieser Stelle geht es allein um die Beschreibung von Positionen, nicht um die Diskussion ihrer Zulässigkeit.
[218] Im Folgenden werden die Ergebnisse der typisierenden Analyse unter dem Aspekt verdichtet, welche konstruktiven Lösungen und strukturellen Fragen sich in den veränderten Ansätzen abzeichnen. Es ist davon auszugehen, dass die Frage der Sechstklässler nach dem Handeln Gottes auf einer anderen, ggf. kritischen Ebene verhandelt wird.

gene Leben ist von seinem Handeln betroffen. Die traditionellen Funktionen scheinen erhalten zu bleiben, auch wenn der Zugang transformiert werden muss.

Gott ist zwar nicht vorstellbar, spezifische Vorgänge und Wirkungen lassen sich aber nicht ohne sein Eingreifen darstellen. An welche Funktionen Hkm dabei denkt, ist aus dem Bild der Friedenstaube ersichtlich. In einer Welt des Unfriedens und der Streitigkeiten kommt ihr auf Gottes Geheiß die Aufgabe zu, zwischen den Menschen zu vermitteln. Die traditionellen Funktionen bleiben erhalten, auch wenn der Zugang verändert worden ist.

3.6.2.2. Wie handelt Gott am Menschen?

Gott hat für den Anfang der Menschheit gesorgt, nicht aber für ihr weiteres Überleben auf dem grünblauen Planten (Iem). Weder ein beschützendes Handeln noch ein Erscheinen als deus ex machina ist grundsätzlich vorgesehen: Der Mensch bleibt auf sich allein gestellt. Gottes Handeln am Menschen bleibt ambivalent.

Demgegenüber problematisiert Jew Gott in seiner Rolle als Beschützer der Menschheit. Gottes Ja zur Welt gilt zwar grundsätzlich, diese Haltung wird aber von zuvor gefassten Entscheidungen offensichtlich eingeschränkt. Bei ihrer Suche nach Gründen für diese Phänomene wirft die Schülerin die Frage nach der Theodizee zwar implizit auf. Es bleibt aber auffällig, dass weder Herkunft noch Begründung der spezifischen Entscheidung angegeben werden. Handelt es sich bei den Dingen, die passieren müssen, um einen Plan, das Schicksal oder die Umsetzung von Gottes Vorherwissen?

Mit dem Ziel uns zu schützen, überwacht Gott uns ständig, ohne sich in das Weltgeschehen einzumischen (Kem). Dabei geht es weniger um Gottes (Des-)Interesse als vielmehr um seine mangelnde Beteiligungsbereitschaft. Die Menschheit wird zunehmend sich selbst überlassen. Gott zieht sich in der Vorstellung des Schülers aus der Welt zurück. Gottes Handeln den Menschen gegenüber bleibt hier ambivalent.

3.6.2.3. Wie lässt sich Gottes Handeln in eine Vorstellung übersetzen?

Gottes Handeln wird auch bei Lem in seiner Ambivalenz beschrieben. Es bleibt aber nicht auf diese reduziert, sondern eröffnet im Bild der Oase neues Leben. Im Unterschied zu einer Fata Morgana verschwindet die Vorstellung von Gott nicht. Anstatt sich wehmütig auf unwiederbringlich Verlorenes zu beziehen oder unrealistische Illusionen zu nähren, eröffnet diese Vorstellung von Gott dadurch Hoffnung, dass sie auf dem „für uns" insistiert. Diese Hoffnung entspringt einer begründeten Haltung, die ihre Kraft aus dem Versprechen bezieht, dass Gott immer „für uns" da ist.

Mem bringt eine Vorstellung von Gott ins Gespräch, die dessen Handeln als allumfassend beschreibt. Zwar argumentiert der Schüler von einem für Gottes Bedeutung werbenden Standpunkt her. Es geht ihm aber weniger um dessen konkrete Analyse als vielmehr um die Markierung von Problemanzeigen: Ist es vorstellbar, dass eine Schöpfung aus dem Nichts vollzogen wird? Ist es möglich, dass Geschaffenes ohne Schöpfer existiert? Das hier zugrunde liegende, naturwissenschaftliche Weltdeutungen am Rande tangierende Problem verdichtet sich in folgender Frage: Wie lässt sich Gottes Schöpfung vorstellen, wenn zugleich gilt, dass der Schöpfer alles in allem ist?

3.6.2.4. Bemerkungen

Eine Beantwortung der Frage nach Gottes Handeln erfolgt dort, wo Gott nicht vorstellbar ist, unter Rückgriff auf Elemente der Tradition. Dabei sind die Formen des Handelns Gottes neu zu bedenken: die Notwendigkeit seines Herrschens über existentielle Phänomene wie Leben und Tod, Krieg und Frieden, Streit und Versöhnung.

Gottes Wesen erscheint insbesondere in seinen Bezügen zu den Menschen als ambivalent, auch sein Handeln lässt sich als solches beschreiben. Dabei werden die größten Schwierigkeiten dort erkennbar, wo er als gegenwärtig zu denken ist: Gott hat sich wie ein Spieler zurückgezogen, er verfügt über einen geheimen Plan, er ist reiner Beobachter des Weltgeschehens. Das ambivalente Handeln Gottes, sein expliziter Verzicht auf die Angabe von Motiven oder eine Begründung seines spezifischen Verhaltens, aber auch die Problematik seiner mangelnden Beteiligungsbereitschaft verweisen auf die Notwendigkeit eines Weiterdenkens: Bleibt der Mensch auf sich allein gestellt? Ist Gottes Ja zur Welt eingeschränkt? Hat der Mensch (noch) Freiräume?[219]

---

[219] Angedacht werden kann u.a., Gottes Handeln als Geheimnis zu verstehen und insofern Rückfragen als existenzbereichernd anzugehen. Möglich wäre

Vor dem Hintergrund eigener Denkmodelle können schließlich verschiedene Lösungen für Gottes Handeln entworfen werden. Dabei wird zum einen auf dem „für uns" der lebensspendenden Hoffnung insistiert. Zum anderen findet sich jene Problemanzeige, die nach dem Verhältnis des ewigen Gottes zu seiner Schöpfung fragt.

Insgesamt entstehen komplexe, aber eindrucksvolle Gottesbilder und Vorstellungen von Gottes Handeln. Die Fragen und Anfragen der Jugendlichen an traditionelle Gottesvorstellungen weisen auf unbearbeitete Leerstellen hin. Über welche Möglichkeiten verfügt die christliche Tradition, um Schüler*innen auf unaufdringliche Weise neue konstruktiv-kritische Zugänge zu erschließen? Und anders herum: Welche Anstöße erhalten Religionslehrkräfte durch die Auseinandersetzung mit diesen Vorstellungen für die Formulierung ihrer eigenen Gottesbilder? Bevor diesen Aspekten konzertiert nachgegangen werden kann, gilt es, die bisherigen Ergebnisse jahrgangsstufenübergreifend zusammenzufassen.

3.7. Gottesbilder und Gottesvorstellungen im Vergleich

3.7.1. Formale Befunde

Im Unterschied zu den Sechstklässlern verwenden die Zehntklässler weniger Farbe, sie erzählen auch kaum noch Geschichten in ihren Bildern. Im Unterschied zur vergleichbaren Gruppe der Sechstklässler lassen aber fast alle Bilder eine christliche oder zumindest eine religiöse Symbolik erkennen. Auch werden Themen angesprochen, die in der Literatur bisher nicht nachgewiesen werden konnten.

Die Darstellungen der Bruchbildzeichner*innen konvergieren im Übrigen mit weiteren empirischen Befunden: Die anthropomorphe Darstellungsweise nimmt mit zunehmendem Alter ab. [220] Die Sechstklässler weisen eine gewisse Tendenz zu anthropomorphen Gottesvorstellungen auf. Die Zehntklässler stellen Gott ausschließlich symbolisch[221] dar.

---

aber auch, die Kategorie der Hoffnung von hier aus in den Blick zu nehmen. Vgl. Kap, 4.2.2.

[220] Vgl. Bucher, 1994, 83.

[221] Dabei geht es auch hier nicht um die Frage, ob Gott als Abbild oder Symbol verstanden werden kann, sondern um die Frage, ob er mit menschlichen Zügen

Konzentrieren sich die Sechstklässler auf Gottes Eigenschaften, so sind die Zehntklässler an Überlegungen zum Handeln Gottes interessiert.

Dingliche Elemente treten in Erscheinung, mit denen Gott der Welt gegenüber in Aktion treten kann: Die Sechstklässler verwenden neben den Dingen auch körperliche Organe. Die Dinge sind bei den Zehntklässlern nicht länger vermittelnde Instrumente. Sie rufen vielmehr Irritationen hervor und geben zu existentiellen Rückfragen Anlass.

In den Bildern der Kinder und Jugendlichen wurde auch die Art der Sperrigkeit bzw. Spannung im Bild und/oder Bildbeschreibung untersucht. Diese Sperrigkeit kann für die Sechstklässler als Bruch auf der Bildebene oder auf der Ebene zwischen Bild und Text identifiziert werden. Für die Zehntklässler fällt der Bruch auf der Bildebene praktisch aus. Dafür tritt eine neue, vierte Bruchdimension hinzu, die auf der textlichen Ebene markiert werden kann.

3.7.2. Typologische Befunde

Schließlich können an dieser Stelle übergreifende Typen benannt werden, die sich aus einer Analyse ergeben, die sämtliche Bruchbilder miteinander in Beziehung setzt. Mit Blick auf das Wesen Gottes lassen sich drei Oberkategorien bilden:

Eine *erste Oberkategorie* aspektiert das Gottesbild in Form seiner Beziehung *als Mensch zu den Menschen:* Gott wird als Mensch oder in menschlichen Formen dargestellt (Bkw, Ckw, Eem, Fem). Er unterhält verschiedene Beziehungen zur Welt, die seine *menschlichen Eigenschaften* fokussieren. Als *Mensch* verfügt er über menschliche Stärken und Schwächen. Die Thematik der *Theodizee* kann latent aufgegriffen werden. Diese Kategorie kommt nur bei den Sechstklässlern vor.

Eine *zweite Oberkategorie* identifiziert *Gott als Gott.* Sie beschreibt Gottes Wesen in seinem Handeln und verfügt über (Unter-)Kategorien mit unscharfen Rändern. So wird Gott als *allumfassender und allsehender Gott* beschrieben. Die Kategorie lässt sich aus den Bildbeschreibungen von Mem und Dkw heraus entwickeln. Das Attribut „alles" qualifiziert ihn entscheidend. Ähnliches gilt für die Vorstellung von *Gott als partieller Beschützer.* Die Kategorie wird von Kem und Jew abgebildet.

---

dargestellt ist oder abstraktere Formen annimmt. Es geht um die Beschreibungsebene. Vgl. Maull 2017,

Mit der Formulierung *Gott in der Ambivalenz* lässt sich aus den Bild-beschreibungen von Lem und Iem eine weitere Kategorie verdichten. Beide Bildbeschreibungen berichten von einem divergent handelnden Gott oder einem Gott mit Ambivalenzen. Diese Oberkategorie kommt in beiden Altersstufen vor.

Eine *dritte Oberkategorie* begreift *Gott als nicht vorstellbar:* Gott ist auf den Bildern repräsentativ dargestellt. Dies gilt zum einen für die Kategorie der *symbolische Gott,* die sich aus der Typenbildung der Bildbeschreibungen von Gkm und Hkm rekonstruieren lässt. Gott wird durch Symbole darstellbar, während die Zeichner darauf insistieren, dass er eigentlich nicht vorstellbar ist. Zu dieser Oberkategorie gehört schließlich eine letzte Kategorie, die man mit aller gebotenen Vorsicht als *Gott in der Theodizee* bezeichnen kann. Sie lässt sich aus den Bild-beschreibungen von Fem, Jew und Kem ableiten und kommt in beiden Altersstufen vor.

135

4. Religionspädagogische Folgerungen

Während bislang danach gefragt wurde, welche (Denk-)Bewegungen Kinder und Jugendliche vollziehen, wenn sie gebeten werden, ein Bild von Gott zu malen, geht es im Folgenden um die Frage, welche Denkanstöße sich den Bildern, Texten sowie deren Zusammenschau seitens der Bruchbildzeichner*innen entnehmen lassen. Dabei wird der Versuch unternommen, die bisherigen differenzierenden Ergebnisse so zu verdichten, dass die Pointe der jeweiligen impliziten Frage hinter den Antworten zum Vorschein kommt.

Methodologisch werden zunächst die bislang zurück gestellten Zeichnungen der übrigen Schüler*innen in Motivik, Symbolik sowie Sprache aufgerufen und so präsentiert, dass die Unterschiede zu den in den vorangehenden Kapiteln analysierten Bildern und Texten sichtbar werden. Anschließend werden ihre Bilder und Texte mit den Zeichnungen und Texten der Bruchbildzeichner*innen ins Gespräch gebracht.

Angestrebt ist insgesamt, eine Grundlage für ein Theologisieren mit Kindern und Jugendlichen auf Augenhöhe bereit zu stellen. Mögliche Ansätze werden an den entsprechenden Stellen angesprochen. Es ist zu berücksichtigen, dass sich aus dieser Perspektive bereits der fallinterne Vergleich der komparativen Analyse als eine Form des Theologisierens darstellt oder darstellen kann (vgl. Kap. 3.3.; 3.6.).

4.1. Lerngelegenheiten

Während bislang die Aussagen der Bruchbilder vorgestellt wurden, sind im Folgenden die übrigen 64 Zeichnungen kurz zu präsentieren.[222]

4.1.1. Die Bilder und Bruchbilder im Vergleich (Sechstklässler)

Die 47 Bilder der Sechstklässler zeigen in 41 Fällen Gott als anthropomorphes Wesen, auf sechs Bildern ist Gott abstrakt-symbolisch (als Regenbogen (2), als Sonne (2), als Wiese (2)) gemalt. Er erscheint als König(in) (1), aber auch mit Engeln im Himmel (4). Gott ist von einer Mehrzahl der Schüler*innen mit weißem Bart (16) oder auf einer Wolke schwebend bzw. stehend (16) in traditionell-herkömmlicher

---

[222] Es handelt sich um 47 Bilder von Sechst- und 17 von Zehntklässlern. Ein Scan der Bilder kann unter antje.roggenkamp@uni-muenster.de angefordert werden.

Form gemalt worden. Gelegentlich rekurriert die Darstellung auf ein mediales Vorbild, ohne dass allerdings der Gottesbezug explizit erhoben würde: er erscheint in Gestalt von Dumbledore (1), Batman aus Gotham City (1), eines Yedi-Ritters (1) sowie als Spongebob (1).[223]

Für die Vorstellung von Gott wurde von den Bruchbildzeichner*innen vier Mal die anthropomorphe Darstellungsweise (Bkw, Ckw, Eem, Fem) gewählt, während zwei Bilder Gott in symbolischer Form (Akw, Dkw) zeigen. Es ist daran zu erinnern, dass sie keine herkömmlich-traditionellen Gottesbilder aufrufen. Sie enthalten weder christliche noch mediale Motive.[224]

Unter den übrigen 47 Zeichnungen finden sich in 20 Fällen kommentarlose Bilder, 27 Darstellungen markieren den Zusammenhang sprachlich – entweder implizit („auf dem Bild") oder explizit („mein Gott ist", „meine Vorstellung von Gott ist", „ich stelle mir Gott vor…") –. Inhaltlich enthalten die Texte in allen Fällen einfache Beschreibungen. Ein direkter Vergleich findet sich ein einziges Mal.

Die Bruchbildzeichner*innen haben demgegenüber nicht nur sichtbar begonnen, hergebrachte Gottesvorstellungen zu hinterfragen. Sie entwickeln auch kritisch-konstruktive Alternativen. Ihre Darstellungen enthalten eigene „Bildertheologien"[225].

Dieser Befund deutet darauf hin, dass die *sprachliche Entwicklung* mit den bildlichen Vorstellungen nicht immer Schritt halten kann. Oder

---

[223] Für den Hintergrund gelten folgende Befunde: Auf vierunddreißig Bildern wurden Himmelskonstellationen wie Planeten, Sterne oder Wolken gemalt, auf vierzehn Bildern wurden Elemente der Natur festgehalten. Sieben Bilder zeigen christliche Elemente, wie ein Kreuz oder einen Heiligenschein. Mediale Objekte kommen ebenfalls vor: KFC (1), eine Playkonsole (1), ACAB (1). Zweimal sind Bezugnahmen auf Götter zu verzeichnen. Schließlich ist eine bunte Vielfalt erkennbar. Die Sechstklässler zeichnen die Natur (8), das städtische Leben (1), Blitz und Donner (3), den Regenbogen (7), die Sonne (10).
[224] Sie zeigen auch ansonsten Abweichungen: Nur ein einziges der Bruchbilder weist Elemente aus der Natur wie eine Landschaft oder eine Pflanze auf (Dkw), während zwei Bilder Himmelskonstellationen wie die Erde, Sonne, Mond, Himmel oder Wolken zeigen.
[225] Der Ausdruck ist hier funktional verstanden und bezieht sich auf formale oder inhaltliche Impulse, die von diesen Zeichnungen für ein Gespräch über Bilder ausgehen können. Zu Bildhäresie und -akzeptanz vgl. Hecht 2012.

konkreter formuliert, die Darstellung lässt sich noch nicht aus einer distanzierten Perspektive vornehmen. Diese Beobachtung wird durch die Vorgehensweise der Bruchbildzeichner*innen bestätigt. Die Kühnheiten ihrer bildlichen Darstellungen wurden in Form schriftlicher Zusätze oder entsprechender Präzisierungen im Text abgeschwächt oder korrigiert. [226] Das Ungleichgewicht von bildlichem Ausdruck und nachlaufendem sprachlichen Ausdruck macht auf die Notwendigkeit entsprechender Formulierungsübungen aufmerksam. [227]

4.1.2. Die Bilder und Bruchbilder im Vergleich (Zehntklässler)

Von den siebzehn Zeichnungen weisen zwölf anthropomorphe Gottesbilder auf. Ihnen stehen fünf symbolische Darstellungen gegenüber: Gott erscheint als Laterne (1), als Sonne (3) und als Erdkugel mit Heiligenschein (1). Die Mehrzahl der übrigen Zehntklässler (zehn von siebzehn) zeichnet ein herkömmliches Gottesbild: einen meist weißhaarigen Mann mit Bart und langem Gewand (10); *zweimal* wird Gott als ein etwas jüngerer Mensch dargestellt, der aus einem Rahmen – eine gelbe oder goldene Fläche – hervor schaut. *Sieben* Bilder enthalten christliche Elemente: Gott erscheint als Mensch mit Heiligenschein (2), mit einem Kreuz an der Seite oder auf der Kleidung (4), mit einem Bischofsstab (2) sowie mit (Engels-) Flügeln (1). Medial-popkulturelle Bezugnahmen finden sich nicht mehr. [228]

Die Bilder sind gegenüber denjenigen der Sechstklässler erheblich traditioneller gehalten. [229] Im Vergleich scheinen sie sich deutlicher an normativen oder an implizit normativen Vorstellungen zu orientieren. Die-

---

[226] Vgl. diesbezüglich die zweite und dritte Kategorie aus Kap. 3.2.3. Diese entwicklungspsychologische Beobachtung erweist sich als durchaus von Relevanz.

[227] Ein Vergleich der Bilder kann die Schüler*innen untereinander inspirieren bzw. zum Vergleich und zur Auseinandersetzung anregen.

[228] *Zehn* Bilder zeigen Himmelskonstellationen wie Planeten, Sterne oder Wolken, während *ein* Bild Elemente der Natur wie Pflanzen oder Landschaften zeigt. Auch weibliche oder an weibliche Züge erinnernde Darstellungen finden sich bei den Zehntklässlern nicht.

[229] Auch in dieser Gruppe kommt es im Vergleich zu den jüngeren Kindern zu einer deutlich sichtbaren Abnahme von natürlichen, städtischen, weiblichen und insbesondere medialen Alltagsdarstellungen.

ser Befund lässt sich als Anpassung an traditionelle Vorgaben interpretieren, die nicht unbedingt aus dem Religionsunterricht stammen müssen. Es ist aber auch möglich, diese Beobachtungen auf eine spezifische Auseinandersetzung mit Gottesbildern sowie eine Beschäftigung mit dem Bilderverbot im Religionsunterricht zurückzuführen.[230]

Auch hier ist daran zu erinnern, dass die Gottesdarstellungen der Bruchbildzeichner*innen keine Kühnheiten mehr aufweisen, sondern sich im- oder explizit mit christlich-biblischer Symbolik auseinandersetzen. Traditionell-herkömmliche Modelle bilden sie allerdings nicht ab. Es liegt insofern nahe, vom Vorhandensein spezifischer Bildtheologien[231] auszugehen, die den reinen Abbildungen der übrigen Zeichner*innen gegenüber stehen.

16 von 17 schriftlichen Äußerungen weisen einen spezifischen Distanzierungsmodus auf. Dabei scheinen Formulierungen wie der einfache Vergleich („Gott ist wie", „meine Gottesvorstellung ist wie"), eine lokale Angabe („auf dem Bild", „in meiner Vorstellung") oder die Metapher („Gott ist") auf. Sie reflektieren die Art der Beziehung, die zwischen Bild und Text besteht und bieten überwiegend Vergleiche an.

Demgegenüber enthalten die schriftlichen Äußerungen der Bruchbildzeichner*innen einen einzigen, freilich korrigierten Vergleich, ansonsten finden sich Metaphernbildungen und die direkte Rede. Dabei wird in den schriftlichen Passagen nicht selten festgestellt, dass die Zeichnungen keine adäquaten Darstellungen der eigenen Vorstellungen sind. Sie lassen sich daher als reflektorische[232] verstehen: Die Zeichner*innen weisen den Betrachter darauf hin, dass er zwischen Gegenstand, subjektivem Empfinden und Vorwissen gegenüber diesem Gegenstand

---

[230] Der Befund einer spezifischen Rückwendung zu einem traditionellen Gottesbild ist zumindest bislang nicht beschrieben worden. Die Probanden entstammen unterschiedlichen Lerngruppen. Zur Stagnation vgl. Maull 2017, 166f.

[231] Die Bildtheologie versteht sich im Unterschied zur Bildertheologie, die dem faktischen Gebrauch der Bilder nachspürt (vgl. Anm. 225), als Methode, die die systematisch-theologische Reflexion in den Bildern selbst offenlegt. Vgl. Hoeps 2014, 7.

[232] Im Hintergrund steht dabei Magrittes Bild „Sprachgebrauch". Vgl. dazu Cottin 2007.

sowie der Verbindung von objektiven Gegenstand und subjektivem Gefühl zu unterscheiden hat.

Zudem kommt eine weitere, zu Beginn der Studie nicht antizipierte Kategorie hinzu, die Brüche anspricht, die im Text als Transpositionen markiert sind. Sie erlauben, ungewohnte Fragestellungen zu entdecken.

Die verschiedenen Beobachtungen weisen darauf hin, dass insbesondere die Jugendlichen über konkretere Konzepte verfügen. Diesem Phänomen ist im Folgenden nachzugehen. Dabei scheinen grundsätzlich Überlegungen von Schlag und Schweitzer bedenkenswert. Sie gehen davon aus, dass Jugendliche bereits eine „Theologie" ausgebildet haben, wohingegen Kinder sie sich zunächst erarbeiten.[233]

4.1.3. Denkanstöße und Anfragen der Sechstklässler

An dieser Stelle sind die impliziten Denkanstöße und Anfragen der Bruchbildzeichner*innen explizit zu verdichten. Dabei sollte das Vorgehen grundsätzlich Möglichkeiten eröffnen, mit Auffassungen von theologischen Expert*innen in Kontakt zu treten.[234] Erwartet wird, dass sich aus einer weniger akteurszentrierten als vielmehr strukturell orientierten Perspektive veränderte Dimensionen nachweisen lassen, die langfristig ein weiteres Theologisieren befördern.

Verweisen die Bilder und Kommentare der Bruchbildzeichner*innen auf blinde Flecken und religionspädagogischen Diskussionsbedarf, so sind im Folgenden Themen, Phänomene und Probleme zu identifizieren, die für die jeweilige Jahrgangsstufe insgesamt relevant werden können. Die von den Bruchbildzeichner*innen weniger explizit vertretenen als vielmehr implizit erarbeiteten Konzepte werden daraufhin befragt, ob sie Elemente enthalten, die einer Auseinandersetzung mit Expertenmeinungen zuarbeiten. Dies konkretisiert sich u.a. in der Frage nach der Funktion, die der Umgang mit Tradition in Bezug auf kommunikative Vollzüge hat.[235]

---

[233] Zur Ausdifferenzierung dieses Theologiebegriffs vgl. Kap. 1, Anm. 13-15, 24f.
[234] Vgl. Dressler 2019, 61f.
[235] Abgrenzungen sind allerdings erforderlich zu jeder Form von religiöser Rede, die nicht zu unterscheiden weiß, sondern für sich in Anspruch nimmt, religiös Sinn stiftend zu sein. Wittekind 2018, 115 f.

140

Die Anordnung folgt einem leicht abgewandelten Vorschlag von Christian Danz, der Überlegungen zu einem von spezifisch begründeten Kategorien geleiteten Umgang mit (traditionsbezogener) religiöser Rede entwickelt hat. Unter dem Aspekt der Aneignung von Religion[236] fasst Danz unterschiedliche Umgangsformen mit Tradition zusammen. Sie werden als Abhängigkeit im Sinne einer spezifischen *Aufnahme* bzw. *Rezeption*, ihres spezifischen *Verstehens* sowie der *Darstellung* persönlicher Bezüge beschrieben. Diese Kategorisierung ermöglicht im Folgenden, die Äußerungen der Schülerinnen und Schüler neu zu verdichten und wahrzunehmen.

Das Verfahren hat insgesamt die Absicht, den Diskurs zwischen Schülerinnen und Schülern als Laien sowie Positionen von Expert*innen zu ermöglichen (Kap. 4.2.).[237]

4.1.3.1. Aufnahme von Elementen der Tradition

Ein erster Komplex befasst sich mit der Verdichtung von Vorstellungen aus der Tradition. Dabei kommen zunächst Zugänge in den Blick, die vom Material her unterschiedliche, z.T. konkurrierende Vorschläge unterbreiten: In der Darstellung der Gottesbilder blieb ungeklärt, ob die Darstellung des Nichtvorstellbaren oder die Fokussierung auf ein animistisches Sehen einen Zugang zur Kommunikation mit Gott entfalten kann (Kap. 3.1.4.5/6). Fraglich war ebenfalls, ob auf den (guten) Charakter Wert gelegt wird oder ob die hierarchische Stellung das Entscheidende ist (Kap. 3.1.3.5/6).

Die Zuwendung Gottes zu den Menschen erscheint als das große Prae seiner Beziehung zu „uns". Sein Handeln zeigt auf verschiedene Weise Folgen einer grundsätzlichen Hinwendung an: Gott beschützt Menschen uneigennützig, wo sie sich schutzlos fühlen. Er unterstützt Menschen dort, wo sie es nötig haben (Kap. 3.1.1.5/6). Dies geschieht zum

---

[236] Vgl. Danz 2019, 125: „In Aufnahme der Ausführungen zu Luhmanns Kommunikationsbegriff und Wittekinds Vorschlag, Religion als religiöse Rede zu verstehen, ist die Aneignung der christlichen Religion in die drei Momente Abhängigkeit, Verstehen und Darstellung zu strukturieren."
[237] Dabei wird eine gewisse Parallelität zwischen den Ergebnissen der dokumentarischen Methode auf der komparativen bzw. auf der Ebene der Typisierung und der systematisch-theologischen Fokussierung des Materials vorausgesetzt.

einen durch Einsatz natürlicher Phänomene wie dem Licht, zum anderen greift er aktiv ein, wenn sich Menschen auf falschen, dem eigenen oder anderer Leben im weitesten Sinne Schaden zufügenden Bahnen bewegen. Er weiß schließlich besser als sie selbst, was ihnen zu einem guten Leben fehlt (Kap. 3.1.2.5/6).

Der Welt gegenüber thematisiert er einen möglichen Miss- oder Fehlgebrauch der Schöpfung. Er ordnet das Leben, wenn es im Chaos versinkt (Kap. 3.1.5.5/6). Er richtet Werte auf, die auf lebensdienlichen Grundlagen basieren. Sein Handeln lässt den Abstand zu mächtigen Stellvertretern deutlich werden (Kap. 3.1.6.5/6).

4.1.3.2. Verstehen von Traditionselementen

Ein zweiter Komplex befasst sich implizit mit der Frage, auf welche Weise ein Kontakt mit den Menschen zustande kommt. Dabei steht zur Debatte, wie Gott überhaupt Menschen zu Hilfe kommen kann. Fraglich ist, ob sich Gottes Dasein für die Menschen auf aktiv sichtbare (Kap. 3.1.4.5/6) oder auf eine eher unaufdringliche Weise (Kap. 3.1.3.5/6) vollzieht.

Dass Gott diese Funktionen ausüben kann, hängt aus dieser Perspektive offensichtlich damit zusammen, dass man ihm entsprechende Eigenschaften und Attribute zugesteht. So wird er als Helfer zur Selbsthilfe betrachtet (Kap. 3.1.1.5/6), weil er die Menschen besser kennt als sie sich selbst. Gleichwohl schreibt er ihnen nicht vor, was sie zu tun oder zu unterlassen haben. Er ermutigt sie zur Ausübung ihres freien Willens, obschon – sofern es notwendig ist – auch Grenzen des Handelns aufgezeigt werden können (Kap. 3.1.2.5/6). Als beinahe allmächtiger Führer befragt er Menschen nach dem Ziel ihres Handelns, er versucht, sein eigenes, aber auch das menschliche Tun an Weisheit und Güte auszurichten.

Dabei liegt ihm gegenüber der Welt nicht dran, Macht um der Macht willen auszuüben oder mit Gewalt zu herrschen. Er begrenzt seine Macht vielmehr, weil er sich bewusst ist, dass sie auch ins Chaos führen kann (Kap. 3.1.5.5/6). Dass er allerdings die Strukturen dieser Welt nicht sich selbst überlassen kann, wird deutlich herausgestellt. Er versucht die Welt zu ordnen, indem er an exemplarischen Stellen auf sich aufmerksam macht oder ihre weitere Entwicklung von vornherein durchdringt und partiell antizipiert (Kap. 3.1.6.5/6).

4.1.3.3. Darstellung von persönlichen Bezügen, die auf Tradition verweisen

Ein letzter Komplex befasst sich einerseits mit der Möglichkeit der Einwirkung Gottes auf die Menschen, andererseits mit der Möglichkeit seines Einwirkens auf die Welt. Dabei geht es um Fragen des Führens, die bislang offengeblieben sind. Dies kann daran liegen, dass die konkreten Fragen nach den Eigenschaften eines Führers alles andere als entschieden sind (Kap. 3.1.3.5/6). In dieser Rolle scheint Gott vor allem Nützliches und Gutes zu tun sowie für Ordnung zu sorgen (Kap. 3.1.2.5/6). Gleichwohl ergibt sich die Frage, aus welchem Grund Dinge misslingen können (Kap. 3.1.5.5/6). Liegt es an spezifischen Formen der Konkurrenz (Kap. 3.1.4.5/6) oder an der Life-Work-Balance als Ausdruck einer denkbaren Selbstbezogenheit Gottes (Kap. 3.1.6.5/6)?

Die Zeichnungen regen dazu an, Fragen zu entwickeln, die auch insgesamt zur Darstellung gebracht werden können. Dabei wird zwar auch nach den Zugängen zu Gott sowie nach Möglichkeiten für Gottes Handeln gefragt. Es geht aber nicht darum, die Motive für Gottes Handeln zu ergründen, sondern spezifische Dispositionen als mögliche Stolpersteine zu profilieren und dadurch ggf. Gelegenheiten für ein gemeinsames Theologisieren zu schaffen.

4.1.4. Denkanstöße und Anfragen der Zehntklässler

Die Gottesbilder differenzieren sich insgesamt aus. Sie hinterfragen nicht länger einzelne Eigenschaften, sondern befassen sich mit den Bedingungen der Möglichkeit von Gotteserkenntnis. [238]

4.1.4.1. Aufnahme von Tradition(en)

Einzelne Schüler*innen bringen ein Gottesbild zur Sprache, das Einflüsse christlich-biblischer Symbolik enthält und dies obschon Gott selbst als nicht vorstellbar gilt (Kap. 3.4.1.5/6; 3.4.2.5/6). Zwar sind die

---

[238] Dabei ist auffällig, dass – hermeneutisch betrachtet – die untersuchten Argumentationsformen von der Haltung her i.d.R. voraussetzen, dass sie mit der Gottesvorstellung als einer Größe rechnen, auch wenn sie deren Vorstellung für sich selbst zunächst verneinen oder zumindest problematisieren. Der Befund ist für ältere Jugendliche empirisch nachgewiesen (Möller 2010; Kaloudis 2012).

Bezüge zur Tradition – wie etwa zur zweiten Person der Trinität – erst auf den zweiten Blick erkennbar. Auch werden sie in ihrer ursprünglichen Bedeutung relativiert. Es erscheinen aber mehrfach Alternativen, die in Auseinandersetzung mit der Sprache der Tradition gebildet sind: So ergänzen sich göttliche und menschliche Eigenschaften (Kap. 3.4.1.5/6), der Stellvertretungsgedanke wird in den Vermittlungsgedanken (Kap. 3.4.2.5/6) transformiert.

Die Gottesbilder anderer Schüler*innen weisen darauf hin, dass Gott zumindest nicht als unmittelbar räumlich oder zeitlich präsent vorstellbar ist (Kap. 3.4.3.5/6; 3.4.4.5/6). Zwischen Gott und die Menschen schieben sich Themen oder Gegenstände, die den Abstand zwischen Gott und Mensch kontinuierlich sicherstellen: menschliche Schicksale, die Menschheitsentwicklung, aber auch das Nachdenken über den Zustand der Schöpfung (Kap. 3.4.5.5/6). Diese Abstandshalter, d.h. Themen oder Gegenstände, bekräftigen jenen Eindruck, der bereits in den bildlichen Darstellungen der Jugendlichen sichtbar ist: Gott ist nicht abwesend, aber auch nicht unmittelbar persönlich spürbar präsent.

Und noch ein weiterer Zug macht sich bemerkbar. Insbesondere mit Blick auf die Schöpfung erleben die Schüler*innen diese Distanz als zurückgenommen. Die Auseinandersetzungen mit der Beziehung Gottes zwischen Gott und Selbst (Kap. 3.4.6.5/6), zwischen Gott und seiner Ewigkeit (Kap. 3.4.7.5/6) bringen seine Andersheit so zur Sprache, dass sie neue Zugänge zu ihm eröffnet.

Die Tradition wird weiter gedacht und erscheint in Gestalt von Zustimmung, auf das Wesentliche fokussierter Dissonanz sowie der Suche nach Veränderung.

4.1.4.2. Verstehen von Traditionselementen

Die Frage nach der Darstellung des nicht Vorstellbaren treibt einige Schüler*innen um. Dabei geht es ebenso um das Problem des Verstehens der Tradition wie um die Entwicklung kompensatorischer Modelle. Die Schüler*innen beziehen sich durchaus auf traditionelle Argumente. Dies geschieht aber so, dass sie weniger auf ein erinnerndes Nachvollziehen als vielmehr auf die Notwendigkeit des Weiterdenkens aufmerksam machen. Die traditionellen Funktionen bleiben erhalten, aber der Zugang zur Gotteserkenntnis wird neu gedacht (Kap. 3.4.1.5/6;

3.4.2.5/6). Gleichsam deistische Ansätze führen zum diskursiven Weiterdenken problematischer Gottesbilder (als Spieler oder deus ex machina (Kap. 3.4.3.5/6), als eine Art Marionettenspieler (Kap. 3.4.4.5/6),
als ohnmächtiger Beobachter (Kap. 3.4.5.5/6)). Eigene Denkmodelle
insistieren auf dem „für uns" der Schöpfung (Kap. 3.4.6.5/6). Sie problematisieren aber auch das Verhältnis von ewigem Schöpfer und dem
Geschaffensein der Schöpfung (Kap. 3.4.7.5/6).

Der Problematisierung steht die ambivalente Spannung gegenüber, auf
beide bezieht sich die Bejahung der Innovation. Religiöse Rede erwächst auch hier offensichtlich aus Kritik, Negation und Transformation. Dem entspricht in struktureller Hinsicht das Modulieren traditioneller Formen, die sich in formaler Anknüpfung, vor allem aber in kri-
tischem Widerstand einer möglichen Versuchung durch Resignation
ebenso entziehen wie einer zirkulären Wiederholung von aus der Tradition bekannten Problemanzeigen. Indem die Schüler*innen Grund-
probleme möglicher Gottesbeziehungen thematisieren, eignen sie sich
die Voraussetzungen für ein neues Denken über traditionelle Gottesvorstellungen an.

4.1.4.3. Darstellung von persönlichen Bezügen

Eine weitere Ebene scheint schließlich dort erreicht, wo über den Sinn
des Gottesgedankens nachgedacht wird. Fraglich ist, wie sich Aussagen
über die räumlichen und zeitlichen Dimensionen seiner Existenz in eigene Vorstellungen integrieren lassen. Es entstehen durchaus komple-
mentäre Gedankenreihen: Einerseits geht es um die Überwindung le-
bensbedrohlicher Illusionen und unerfüllbarer Sehnsüchte (Kap.
3.4.6.5/6). Diesbezüglich tritt die Orientierung an einer Hoffnungsge-
stalt ins Zentrum: Gott ist unerreichbar, aber immer da. Andererseits ist
auf das durchaus spannungsvolle Verhältnis von Ewigkeit und Weltentstehung hin zu weisen (Kap. 3.4.7.5/6). Dabei handelt es sich weniger
um eine werbende Vorwärtsbewegung als vielmehr um die Aufrichtung
eines konstruktiven Stachels zum persönlichen Weiterfragen: Wenn
Gott mit der Welt identisch ist, wie kann er dann die Welt erschaffen
haben?

Und schließlich werden die Formen menschlicher Existenz strukturell
neu bedacht. Sie sind hier individuell und persönlich formuliert, lassen
sich aber in einen größeren Rahmen hineinstellen: In welcher Weise

145

beziehen wir uns auf Leben und Tod (Kap. 3.4.1.5/6)? Entscheide ich wirklich über alle Dinge in meinem Leben selbst oder unterstelle ich mich bewusst oder unbewusst freiwillig oder unfreiwillig einer Macht, die ich nicht selbst kontrollieren kann (Kap. 3.4.2.5/6; 3.4.3.5/6)? Auch entsteht prinzipiell die Rückfrage nach der Verlässlichkeit des Handlungspartners. Welchen Sinn hat es, sich auf jemanden zu verlassen, der Zusagen zwar ohne reservatio mentalis, aber mit zeitlichem und räumlichem Vorbehalt gewährt (Kap. 3.4.4.5/6; 3.4.5.5/6)?

4.2. Ansatzpunkte für ein gemeinsames Theologisieren

Im Folgenden sollen die Themen, Phänomene und Probleme der Kinder und Jugendlichen mit Positionen von Expert*innen nicht direkt ins Gespräch gebracht, wohl aber auf der Ebene sich begegnender Systeme korreliert werden.

Im Einzelnen geht es um Folgendes: Es wird nicht vorgeschlagen, Kinder und Jugendliche als theologische Experten zu betrachten. Es soll auch nicht darum gehen, mögliche Aufgabenstellungen für weitere Unterrichtsversuche zu formulieren. Es ist vielmehr zu überlegen, wie das kritisch-konstruktive Denken der Kinder sowie die existentiell relevanten Anstöße der Jugendlichen aufgenommen werden können.

Dabei ist nicht von vornherein entschieden, ob materiale oder formale Formen des Denkens weiter führen. Auch ist zu berücksichtigen, dass existentielle Fragen nur im Sinne einer Wachheit für letzte Fragen diskutiert werden können.[239] Zu bedenken ist aber in jedem Fall eine Art doppelter religionspädagogischer Hermeneutik. Diese betrifft zwar auch den Umgang mit den Schüler*innen selbst, dies aber erst in zweiter Linie. Sie avisiert vor allem das Nachdenken und die Einstellungen der sie unterrichtenden „Experten".[240]

---

[239] Preul 2002, 111; Dressler 2019, 77.
[240] Dabei könnte sich als ein weiteres Problem ergeben, dass die Experten in diesem Falle nicht ohne weiteres auch richtige Experten sind. Vgl. dazu Kaloudis 2012, 32.

Mirjam Zimmermann verweist mit Blick auf den Theologiebegriff auf die Bedeutung von biblischem Schriftbezug und plädiert für eine Darstellung vielfältiger Perspektiven.[241] Diese Vorgabe scheint für die Kindertheologie sinnvoll, sie dürfte aber aus inhaltlich-methodologischen Gründen auszudifferenzieren sein.

Für die Jugendtheologie haben Thomas Schlag und Friedrich Schweitzer ein Bündel von Kategorien benannt, mit der sich das Theologisieren beschreiben lässt. Sie unterscheiden zwischen einer impliziten (1), persönlichen (2) und einer expliziten Theologie (3), von der sie die theologische Deutung mit Hilfe der Dogmatik (4) ebenso abheben wie die Beobachtung, dass Jugendliche ausdrücklich theologisch argumentieren können (5).[242]

Uns scheint, dass beide Ansätze unter Rückgriff auf systemtheoretische Überlegungen zum Kommunikationsbegriff[243] und deren spezifisch theologische Wendung im Rahmen religiöser Rede[244] perspektivisch vertieft werden können. Die systematisch-theologische Ausformulierung konkreter, aber verdichteter Zugänge ist geeignet, Ergebnisse der empirischen Untersuchung mit den komplexeren Ansätzen traditionsbezogener Modelle zu verbinden. Die folgenden Ausführungen berücksichtigen eine von Danz vorgeschlagene Struktur der Aneignung von Religion, deren Ziel es ist, eine Theorie der christlichen Religion zu entwickeln.[245] Dabei wird eine Passfähigkeit von einzelnen Voten der Experten zu bisherigen Problemanzeigen der Schüler*innen dadurch möglich, dass ein etwas modifizierter Ansatz zum Tragen kommt, der die Gefahr eines reinen Korrelierens umgeht.

---

[241] Zimmermann 2012, 54. Vgl. auch Kap. 1.
[242] Friedrich Schweitzer und Thomas Schlag setzen diese Differenzierungen ausdrücklich in eine Beziehung mit einer Theologie der bzw. mit bzw. für Jugendliche/n. Vgl. Schlag/Schweitzer 2011, 179.
[243] Kommunikation wird systemtheoretisch als gestufte Einheit von zu unterscheidenden Momenten religiöser Rede beschrieben, die in der Kommunikation hergestellt werden. Vgl. Danz 2019, 121.
[244] Theologie rekonstruiert die innere Selbstbezüglichkeit religiöser Rede auf eine Weise, dass ihr Funktionieren auch für Beobachter aufgezeigt werden kann. Vgl. Wittekind 2018, 55.
[245] Vgl. Danz 2019, 124–130, 124 f sowie Anm. 236.

Im Einzelnen betrifft dies eine Struktur der *Abhängigkeit* von symbolischen Formen, das *Verstehen* von Tradition sowie die *Darstellung* von Kommunikation: Die Abhängigkeit von symbolischen Formen thematisiert einerseits die „Einbindung der aktualen Religion in religiöse Kommunikation"[246]. Sie macht sie explizit. Andererseits weist sie darauf hin, dass nicht die Existenz der Bibel, sondern erst der religiöse Gebrauch der biblischen Schriften als aktuale Religion begriffen werden kann. Das Verstehen von Tradition erinnert an die Abhängigkeit der Kommunikation von Information und Mitteilung. Dabei ist ausdrücklich darauf hingewiesen, dass sich Verstehen nicht ausschließlich auf rationale Aspekte bezieht, sondern in seinem Sich-Verstehen unscharf bleiben kann. Die Darstellung von Kommunikation als Darstellung des Selbstverstehens hebt schließlich auf die Bedeutung des religiösen Gebrauchs ab, der von symbolischen Formen gemacht wird. Dabei gilt grundsätzlich, dass die Existenz von Religion an die „religiöse Verwendung von Zeichen zur Darstellung menschlichen Sich-Verstehens"[247] gebunden ist. Religiöse Sprache kann daher ebenso nicht-religiös verwendet werden wie nicht-religiöse Formen der religiösen Kommunikation dienen können.

Die Denkanstöße und Anfragen der Schüler*innen sind im Folgenden mit den Überlegungen der Experten[248] – insbesondere auch zum Einsatz und Umgang mit religiöser Rede – zu korrelieren. Die Alltagswelt der Schüler*innen, sofern sie in deren Überlegungen durchscheint, hat im Blick zu bleiben. Es ist darauf zu achten, dass kein hermetischer Diskurs entsteht.

Eine Theologie der Experten hat in angemessener Weise die Probleme aufzugreifen und zu vertiefen, die sich aus den Gegenständen selbst ergeben. Auf diese Weise soll eine Selbstimmunisierung von Theologie als religiöse Rede[249] vermieden werden. Religiöse Rede kann auch in spannungsreichen Situationen ihre Relevanz entfalten.

---

[246] Danz 2019, 125.
[247] Danz 2019, 127.
[248] Vgl. Anm. 240.
[249] Diese Gefahr könnte sich insbesondere dann ergeben, wenn man religiöse Rede ohne einen entsprechenden Kommunikationsbegriff denkt. Vgl. Wittekind 2018, 131; Danz 2019, 123.

Bei der Auswahl der Gesprächspositionen sind die bisherigen Befunde zu berücksichtigen. Es ist darauf zu achten, dass mögliche Schwierigkeiten, die sich aus dem Nachdenken über die spezifischen Beziehungen zwischen Gott, Mensch und Welt ergeben, trotz des veränderten Ansatzes hinreichend bearbeitbar sind.

4.2.1. Das Gespräch mit den Denkanstößen und Anfragen der Sechstklässler

Die Sechstklässler gehen zwar gelegentlich auf die spezifischen Probleme ein, die sich in einzelnen Bildgebungen abzeichnen. Im Wesentlichen sind sie am Kern der Gottesbilder und seiner weiteren Ausgestaltung interessiert. Sie thematisieren das Problem der Gotteserkenntnis, des Umgangs mit dem Übel sowie Strategien zur Entwicklung neuer Zugänge zu Gottesbildern. Auf dieser Stufe ergeben sich wiederum Fragen, die sich auf Gottes Wesen und Wirken zurück beziehen (vgl. Kap. 3.3.). Gerade insofern sie sich als Stolpersteine auf dem Weg zur Gotteserkenntnis erweisen können, eröffnen sie sich – untereinander und wechselseitig – die Möglichkeit, das Fragliche begreifbar zu machen.

4.2.1.1. Gottesbilder im „Gespräch"

Im Einzelnen stellt sich der Kern der verschiedenen, mit Gedanken aus der Tradition formulierten Gottesbilder folgendermaßen dar: Die Sechstklässler entwickeln ein positives, der Welt und den Menschen zugewandtes Gottesbild (vgl. Kap. 4.1.3.1.). Dabei gestehen sie der christlichen Tradition zwar nicht explizit, wohl aber implizit Relevanz zu. Einzelne ihrer Aspekte werden unterschieden und kritisch nachgefragt. Dies betrifft die Darstellung eines Wesens, das als nicht vorstellbar empfunden wird, die Unterscheidung zwischen der Person und ihren jeweiligen Funktionen[250] sowie die positive Beziehung Gottes auf Mensch und Welt (1). Vor diesem Hintergrund ist das Vertrauen auf die Zuwendung Gottes zum Menschen grundsätzlich gegeben. Es wird mit Überlegungen zu seinem Schutz, seiner Unterstützung, seinem aktiven Eingreifen und Wissen um das Notwendige ausdifferenziert (2). Der

---

[250] Eine Auseinandersetzung mit dem Gegenüber von Person und Amt scheint mir wenig ratsam, da es im Material selbst beim stärksten Abstrahieren als Thema nicht zum Vorschein kommt. Dabei ist auch zu bedenken, dass mit einer „institutionalisierten" (offiziellen) Funktion weniger das Gottesbild als vielmehr die zweite Person der Trinität fokussiert wäre.

Welt gegenüber wird durch das Insistieren auf Gottes ordnendem Handeln ihr Miss- bzw. Fehlgebrauch von Ordnung bzw. Schöpfung angezeigt (3).

Unterscheidungen im Gottesbild (1)

Insbesondere die neutestamentlichen Texte verwenden den Ausdruck Gott überwiegend im Sinne einer Gattungsbezeichnung. Ohne eine nähere Präzisierung durch ein Attribut – wie etwa Vater, Herrscher, Einziger – lässt sich Gott nicht konkret beziehen.[251] In der späteren Tradition werden verschiedene Ansätze ausgebildet: Eine gewichtige Perspektive gibt der mittelalterliche Theologe Anselm von Canterbury vor, insofern er Gott als etwas denkt, „über das hinaus nichts Größeres gedacht werden kann"[252]. Diese Definition behauptet weder, dass Gott das Größte ist, was wir denken können, noch insistiert sie darauf, dass Gott größer ist, als alles, was wir denken können. Sie hält vielmehr fest, dass nur dann etwas als Gott bezeichnet werden kann, wenn man es so denkt, dass es größer ist als dieses etwas. Anselms Definition ermöglicht, Gottesbegriffe auszusondern, die unzureichend erscheinen: sie gibt kritische Regeln vor. Die Grenzen dieser Definition liegen dort, wo sie dazu zwingt, Gott ausschließlich zu *denken*.[253] Sie erlaubt es nicht, sich in ein persönliches Verhältnis zu Gott zu setzen.

Ein persönliches Verhältnis avisiert demgegenüber die Definition aus Luthers Katechismus (*Woran Du Dein Herz hängst und verlässest*), aber auch Paul Tillichs Formel (*Was den Menschen unbedingt angeht*)[254]. Beide Wendungen eröffnen von ihrer Struktur her die Möglichkeit einer existentiell-persönlichen Beziehung zu Gott. Sie hindern den Menschen aber nicht daran, irgendetwas Beliebiges an die Stelle Gottes zu setzen. Insofern ist das Kriterium der persönlichen Beziehung des Menschen zu Gott zwar notwendig, um die existentielle Dimension

---

[251] Dabei ist darauf hinzuweisen, dass in der Bibel insbesondere die nächtliche Bedrohung als besonders gravierend erfahren wird. Vgl. Jer 31, 35; Ps 105, 39.
[252] Canterbury 1989, 52; Härle 2018, 206. Es geht im Folgenden weder um das ontologische Argument noch um die Diskussion von Gottesbeweisen, sondern um die Möglichkeit, von diesem und anderen Ansätzen aus, die Denkanstöße und Anfragen der Sechstklässler konstruktiv aufzunehmen, um Möglichkeiten aufzuzeigen, an welchen Stellen man mit ihnen ins Gespräch kommen kann.
[253] Dies gilt auch wenn man den Gebetsrahmen mitbedenkt.
[254] Härle 2018, 207 f.

des Gottesbegriffs zu schärfen. Es reicht aber nicht hin, um einen Missbrauch des Gottesbegriffs abzuwehren. Ein gewisses Gegengewicht zu dem persönlichen Ansatz bieten demgegenüber transzendentale, die Kategorien von Raum und Zeit übersteigende Ansätze. Definiert Schleiermacher Gott als das *Woher unseres empfänglichen und selbsttätigen Daseins*, so proponiert ihn Tillich als „der Grund des Seins"[255]. Auf diese Weise wird zwar angezeigt, dass Gott konstitutiv für das Geschehen in der Welt ist. Beide Ansätze haben jedoch ebenfalls Grenzen. Schleiermachers Definition erweist sich als axiomatische Setzung, da sie das *Woher unseres Daseins* weder präzise noch unscharf angibt. Tillichs Formel bleibt insofern unpräzise, als nicht angegeben werden kann, ob der „Grund" als eine Ursache, Substanz, eine Metapher oder ein Symbol des Seins zu verstehen ist.

Eine weitere Dimension ist dort erreicht, wo Gott mit Bultmann und Pannenberg als „der Allmächtige, d.h. die Alles bestimmende Wirklichkeit"[256] gedacht ist. Denkt man das Adjektiv „bestimmend" polyvalent also auch als ein Inanspruchnehmen, Durchdringen oder Beeinflussen, so lässt sich Gott auf unterschiedlichen Ebenen denken. Die Formel funktioniert insofern sie sich einerseits auf die verschiedenen Dimensionen des Gottesbegriffs – die ontologische, die persönliche, die transzendentale, aber auch die teleologische – beziehen lässt. Sie nimmt andererseits von dem Anspruch Abstand, eine unmissverständlich letzte Definition zu geben. Insofern sie darauf hinweist, dass um den Gottesbegriff immer wieder zu ringen ist,[257] scheint sie geeignet, ein Nachdenken über Gottes Vorstellbarkeit, die Beziehung zwischen Personen und ihren Funktionen sowie der positiven Beziehung Gottes auf Mensch und Welt zu eröffnen.

Die Zuwendung Gottes zum Menschen (2)

Gottes Verhältnis zu den Menschen ist durch deren grundsätzliche Bejahung bestimmt. Diese Beschreibung verdichtet sich in einem Vers aus dem ersten Johannesbrief: „Gott ist Liebe" (1. Joh 4, 8.16).[258] Auch

---

[255] Härle 2018, 208 f.
[256] Härle 2018, 209 f.
[257] Härle 2018, 206–210
[258] Ein Rückgriff auf die Rechtfertigungsvorstellung des Paulus wäre zwar möglich, wird aber aus zwei Gründen nicht weiter verfolgt: Zum einen aus Gründen der Komplexitätsreduktion, zum anderen wegen der christologischen

wenn dieser Satz im Wesentlichen unter der Voraussetzung gilt, dass sich Gott in Jesus zum Heil der Welt erschlossen hat, so enthält er doch das Wesentliche christlicher Gotteserkenntnis.[259] Gleichwohl kann man hieraus nicht ableiten, dass die Liebe Gottes Verhältnis zum Menschen in jeder Situation oder unter allen Umständen prägt.[260] Es sind mindestens nach zwei Seiten hin Vorkehrungen zu treffen.[261]

Zum einen ist die Liebe nicht als Beschwörungs-, Verniedlichungs- oder Verharmlosungsformel aufzufassen, so als könne man über Gottes Sein im Sinne eines besonderen Anspruchs verfügen. Gottes Liebe zum Menschen vollzieht sich vielmehr unter jener anderen Voraussetzung, dass die Beziehung Gottes zu sich selbst und zu anderen Personen als Ermöglichung des Personseins des Menschen gedacht wird.

Zum anderen muss das Geheimnis des hyperbolischen, d.h. menschliche Vorstellungen von Liebe überbietenden Charakters der Liebe Gottes gewahrt werden. Es kann nicht darum gehen, dass die Menschen über Gott Bescheid wissen. Sie müssen vielmehr akzeptieren, dass der Mensch nicht im Letzten über Gott informiert sein kann.

Der Satz gilt also nicht mit einem generellen, wohl aber mit einem speziellen Vorbehalt: Strittig ist nicht, dass Gott den Menschen liebt. Es bleibt vielmehr verborgen, wie Gott den einzelnen Menschen liebt.[262]

Erläuterungen, die den Duktus der Denkanstöße und Problemanzeigen sprengen.

[259] Wittekind fasst die Anthropologie nicht unter die Gotteslehre, sondern unter die Christologie wie Karl Barth, da sie für die Christologie eine ähnliche Funktion habe wie die Schöpfungslehre für die Gotteslehre. Dabei geht es ihm allerdings insgesamt nicht um die Möglichkeit der Gotteserkenntnis oder um den Erweis der Sündhaftigkeit des Menschen, sondern um die Beschreibung des Funktionierens religiöser Rede. Wittekind 2018, 190–192. Überträgt man sein Vorgehen auf das zugrunde liegende Problem, so besteht die Gefahr, die Problemstellungen zirkulär zu behandeln und dadurch zu verdoppeln.

[260] *Wer liebt, der ist nicht Gott, aber er bleibt in Gott und Gott in ihm.* (1. Joh. 4, 16). Vgl. insgesamt Härle 2018, 240–241.

[261] Härle weist auf die Möglichkeit des Einsatzes weitere Begriffe wie Leben, Licht, Wort oder Geist hin. Auch spricht er das Problem einer möglichen Begrenztheit des Begriffs Liebe an.

[262] Härle 2018, 245 f.

Die Unterscheidung ist gegenüber der Frage, wie sich Gottes Zuwendung zu den Menschen äußert, auszudifferenzieren.

Zum Umgang mit dem Miss- bzw. Fehlgebrauch der Schöpfung (3)

Es wäre grundsätzlich notwendig, eine Gotteslehre zu entwickeln, um sich mit methodischen Fragen der Gotteserkenntnis auseinanderzusetzen. Gleichwohl führt die Frage nach dem Miss- bzw. Fehlgebrauch der Schöpfung auch ohne ausgearbeitete Gotteslehre zur Thematisierung der Erkennbarkeit Gottes in und durch die Welt zurück.[263] Drei verschiedene Ansätze drängen sich dabei auf: die Erkennbarkeit des Ursprungs, der Sinnhaftigkeit und des Bestimmungsziels der Welt.[264]

Die Tatsache, dass die *Welt existiert* und nicht nicht existiert, macht den Umstand plausibel, dass sie geschaffen ist. Dies lässt sich allerdings nicht aus den Dingen in der Welt erkennen. Sie haben ihren Ursprung jeweils in etwas anderem als sie selbst es sind. Die Vorstellung entspricht vielmehr der biblischen Rede von Gott, insbesondere der neutestamentlichen Überlieferung: Die Welt ist (von Gott) ins Dasein gerufen.[265]

Es scheint auch nicht möglich aus der Kontingenz alles Welthaften auf die Notwendigkeit einer Existenz Gottes zu schließen. Diese Behauptung setzte voraus, dass sich Gott und Welt in einem gegensätzlichen Verhältnis zueinander befinden. Die Frage nach der Erkenntnis der Existenz der Welt führt schließlich nicht von sich aus zur Erkenntnis eines nicht-welthaften Ursprungs der Welt, sondern zur „Frage nach dem (oder einem) nicht-welthaften Ursprung der Welt"[266]. Es wäre insofern viel, ein Bewusstsein für diese Frage wach zu halten (1).

Die Beschreibung der Welt als zweckhaft, erhaben und schön, also wohlgeordnet (Gen. 1, Ps. 19; Ps. 104), führt zur Frage nach einem weisen Baumeister der Welt zurück. Dabei kann menschliche Vernunft das Verhältnis zwischen der Welt und der Vollkommenheit ihres Baumeisters nicht vollständig erkennen. Menschen müssten einen Standpunkt oberhalb von Gott und der Welt einnehmen. Auch kommt hinzu, dass es in der Welt Hässliches, Erschreckendes, sinnlos Erscheinendes gibt.

---

[263] Härle 2018, 194, 233.
[264] Härle 2018, 219–221.
[265] Hebr.11, 3.
[266] Härle 2018, 220.

Da aber auszuschließen ist, dass Gott, insofern er als die Alles bestimmende Wirklichkeit bezeichnet wird, der Schöpfer des Häßlichen, Erschreckenden und sinnlos Erscheinenden ist, führt die Feststellung der Ambivalenz der Beschaffenheit der Welt auf die Erkenntnis zurück, dass die Frage nach Gott in dieser Hinsicht ambivalente Züge erhält[267] (2).

Von einem Bestimmungsziel der Welt kann nur im Futur gesprochen werden. Die Frage nach der Vollendung der Welt (Jes. 45, 22 f; Gal. 4,4; 2. Kor. 5, 17) erhält aber insofern ein Fundament, als sie verdeutlicht, dass sich der Glaube schließlich nicht in nichts auflösen wird, sondern sich in ein Schauen transformiert.[268] Dies allerdings lässt sich in der Gegenwart nur erhoffen (3).

Die drei Antwortmöglichkeiten halten die Problemstellung offen und weisen auf Dimensionen eines möglichen Theologisierens hin. Sie lassen sich insbesondere dort einspielen, wo es um die Frage nach der Ordnung geht.

4.2.1.2. Zwischen Aktivität und Passivität: pädagogische Maßnahmen und Selbstbeschränkungen Gottes

Die Beziehungen zur Tradition bzw. zwischen dem Einzelnen und den traditionalen Elementen lassen folgendes Netz erkennen (vgl. Kap. 4.1.3.2.): Gottes Beziehung zu den Menschen erstreckt sich von ausgreifender Aktivität bis hin zu zurückhaltender Begleitung: Er hat ein fürsorgliches, fast pädagogisches Verhältnis zu ihnen: Größtmögliche Freiheit steht gelegentlichen Grenzziehungen, nicht aber Grenzsetzungen gegenüber (1). Die Aufforderung zur Beschäftigung mit den eigenen Zielen erwächst aus einer Haltung der antizipierenden und moralischen Unterstützung (2). Mit Blick auf die Welt wird die Machtfrage zu einem Problem. Willkürliche Machtförmigkeit und Gewalttätigkeit werden mit der Verabschiedung des Gedankens der Allmacht ausgeschlossen. Gleichwohl ist auf Gottes spezifische Verantwortung hingewiesen (3).

---

[267] Härle 2018, 220 f.
[268] Härle 2018, 221 f.

Zur pädagogischen Begleitung der Menschen(1)

Einige Theologen sprechen der Schöpfung spezifische Anredequalitäten zu. Es ist allerdings nicht ganz geklärt, ob sich Gott ohne Sprache direkt an alle Geschöpfe wendet oder ob er dem Menschen – in Gestalt der Tora – nicht eine spezielle Anrede vorbehält (Ps. 19,8). [269]

Vor diesem Hintergrund ist zu überlegen, ob Gottes Anrede an den Menschen im Sinne eines Sinnangebots nicht auch in Form von ursprünglich mythologischen Schöpfungsvorstellungen – in Legenden, Märchen und Erzählungen – erfolgen kann. [270] Dabei geht es nicht darum, die traditionell religiöse Rede von der Welt und ihrem Geschaffensein, Erhalten- und Gesteuertwerden durch Gott unmittelbar auf die Gegenwart zu beziehen. Es ist vielmehr zu verhindern, die Schöpfungsvorstellung – angesichts naturwissenschaftlicher Alternativen – einem systematischen Vergessen auszuliefern, zumal der „Glaube sein eigenes Gottesbewusstsein immer wieder im Kontext von Erzählungen ausspricht"[271].

Meint man von Gott als Liebe nur in Bezug auf den Vollzug dieser Liebe reden zu können, so bliebe dieser Gedanke zirkulär. Die Rede wäre hermetisch. Es erweist sich vielmehr als sinnvoll, ein Sich-Verstehen des Menschen von der Liebe Gottes her zu entwickeln. Setzt man mit Schleiermacher voraus, dass die Religion eine eigene Selbst- und Weltdeutung des Menschen ist, dann transformiert sich der Glaube. Er wird Ausdruck des Sich-Verstehens des Menschen und ist auf spezifische Weise an den Gottesgedanken gekoppelt.[272] Der Gedanke lässt sich mit Danz folgendermaßen verdichten: „was hilft es, dass Gott Liebe ist, wenn er es ‚dir' nicht ist."[273]

Liebe als Ausdruck von Gottes Zuwendung zu den Menschen ist dann keine allgemeine Bestimmung Gottes, sondern eine Darstellung des Sich-Verstehens des Menschen. Die Begleitung Gottes lässt sich als ein existentiell-fürsorgliches Verhältnis vertiefen.

---

[269] Unter Bezug auf Oswald Bayer vgl. Körtner 2018, 198.
[270] Wittekind 2018, 117.
[271] Wittekind 2018, 119.
[272] Danz 2019, 69.
[273] Danz 2019, 183. Vgl. auch ebd., 181–183, 235.

Pädagogische Transformationen (2)

Nicht allgemeine Spekulationen über die Natur des Verhältnisses von Gott und Welt, sondern ein individueller Zugang kennzeichnen die Beschäftigung mit der Schöpfung.

Kritisierte Martin Luther abstrakte Spekulationen über Gottes Allmacht[274], so muss es zeitgenössisch darum gehen, in vielfältigen Perspektiven zu denken.[275] Nun bestünde zwar die Möglichkeit, von der Vorstellung eines weisen Urhebers der Welt den Weg für eine Moralisierung und Pädagogisierung des Menschengeschlechts frei zu machen. Diese Lösung wäre aber ihrerseits hermetisch oder zumindest zirkulär, weil sie an ethisch-geschichtsphilosophische Voraussetzungen aufklärerischen Denkens gebunden sein dürfte.[276] Es scheint vielmehr geboten, eine kritische Auseinandersetzung mit der Vorstellung göttlicher Allmacht zu führen, um langfristig das individuelle Selbst-Verstehen des Menschen zu entwickeln.

Insofern die Auseinandersetzung mit dem Schöpfungsgedanken die Frage beschäftigen muss, inwiefern Gottes Allmacht inhaltlich zu ventilieren ist, oder ob der Gedanke nicht vielmehr mit Blick auf einen mündigen Umgang mit der Welt, d.h. die Verantwortung des Einzelnen, gespiegelt werden sollte, macht sie den Weg für pädagogische Auseinandersetzungen frei.[277]

Allmacht als denkerisches Problem (3)

Der Allmachtsgedanke erweist sich auch für Härle als problematisch. Verlangt der Begriff, das Denken der Allmacht und ihrer Begrenzung in ein gleichzeitiges Verhältnis zu setzen.[278] Das Denken der Allmacht schränkt dabei die Allmacht des Wesens, das es auszeichnet und zugleich hervorbringt, ein.[279]

---

[274] Der Terminus erscheint lediglich in 2. Kor. 6, 18.
[275] Wittekind 2018, 122.
[276] Vgl. auch Wittekind 2018, 122 f.
[277] Dabei könnte etwa auf 2. Kor. 12,9 zurückgegriffen werden.
[278] Eine theologische Einschränkung des Allmachtsanspruchs ist für Wittekind nur von der Erlösung der Welt her denkbar. Wittekind 2018, 280 f.
[279] Dies artikuliert sich etwa im sog. Allmachtsparadoxon. Vgl. Bauke-Ruegg 1998.

Das Problem lässt sich steigern, wenn der Gedanke der Allmacht mit der Vorstellung von der Allwirksamkeit verbunden wird. Das Geschöpf wird fast bedeutungslos, der christliche Glauben klein gemacht. Und es kommt hinzu, dass ein Wesen, dessen Allmacht gedacht wird, nicht zugleich in seiner Zuwendung zum Menschen vorzustellen ist. Aus diesen Aporien heraus schlägt Härle vor, Allmacht ausschließlich als eine Eigenschaft Gottes zu begreifen und sie inhaltlich als „Liebe" zu denken. In dieser Form erscheint liebende Allmacht oder allmächtige Liebe als schöpferische Macht sowie als Bejaht- und Gewolltsein des Individuums.

Die Allmacht erweist sich als eine Macht, die verhindert, dass wir endgültig resignieren, indem sie darauf insistiert, dass die Macht nur der Liebe selbst, nicht aber dem Liebenden zukommt.[280] Diese Unterscheidung ermöglicht, die Allmacht nicht länger als Willkür oder diffus und unbestimmt, sondern als den Menschen zugewandte Liebe neu zu denken.

4.2.1.3. Zum Umgang Gottes mit (seinen) menschlichen Eigenschaften

Die Fokussierung auf die persönliche Bedeutung arbeitet dem Begreiflichmachen, d.h. dem Verstehen, des Dargestellten zu (vgl. Kap. 4.1.3.3.). Dabei steht die Frage im Vordergrund, wie es trotz der grundsätzlichen Bejahung des Menschen zu chaotischen Zuständen auf der Erde kommt (1). Rückfragen beziehen sich insbesondere auf die Art und Weise, in der Gott seine Rolle als Führer der Menschen wahrnimmt. Stößt er sich an menschlichem Konkurrenzdenken oder an eigener Selbstbezogenheit (2)? Dabei kommen Rückfragen zum Zuge, die Gottes menschliches Wesen bzw. entsprechenden Eigenschaften problematisieren: Es geht um Fragen der Gotteserkenntnis ebenso wie um den Versuch, die (persönliche) Relevanz dieses Fragens deutlich werden zu lassen (3).

---

[280] Eine Einschränkung der Allmacht als Liebe zieht die Frage der Theodizee als Frage nach Gottes Handeln an „mir" nach sich. Vgl. Härle 2018, 255–263.

Unordnungen im Spiegel christlich-biblischer Gotteserkenntnis (1)

Der Eindruck einer Unordnung der Welt scheint eng mit einer strukturellen Krise im Gottesverständnis verknüpft. Insbesondere Krieg, Ungerechtigkeit und Ratlosigkeit rufen Anfragen an eine ordnende Gottesmacht bzw. -vorstellung hervor.

Das Leiden in der Welt ruft aber nicht nur Anfragen hervor. Es problematisiert die Existenz Gottes und verweist damit auf größere Zusammenhänge: „Entschuldigt ist Gott angesichts der Leiden in der Welt allein durch seine Nicht-Existenz."[281] Während Platons Demiurg die von ihm in die Materie eingebildete Ideenwelt als Ausdruck seines eigenen Gutseins betont, hält der aristotelische Schöpfergott die anfangslose Welt in Bewegung, indem er als ihr vollkommener Ursprung erscheint.[282] Dabei hatte bereits die Reformation ein Verständnis von Gottes Existenz zurückgewiesen, das diese lediglich im Rahmen eines bloßen Wissens betrachtet: Reines Wissen gilt als religiös bedeutungslos.[283] Versucht man demgegenüber Aussagen über Gottes Wirken in der Welt zu treffen, so ist die kategoriale Unterscheidung von Gott, Welt, Schöpfer und Schöpfung mitzubedenken.[284] Die Welt als Schöpfung ist einerseits von Gottes schöpferischer Weltbejahung her neu zu verstehen.[285] Andererseits ist auf die Notwendigkeit der göttlichen Welterhaltung hinzuweisen. Die Welt kann aus sich selbst heraus als Schöpfung Gottes nicht bestehen.[286] Sie versinkt im Chaos (Jer 31, 35; Ps 105, 39).

---

[281] Danz 2019, 175.
[282] Bordt, Michael, Platons Theologie, Freiburg 2006. Danz 2019, 27–29.
[283] Danz, 2019, 177. Der Gedanke einer creatio ex nihilo lässt sich in der Neuzeit nicht mehr unmittelbar vermitteln.
[284] Härle 2018, 411f.
[285] Dies erfolgt durchaus in Anknüpfung an die Vorstellung der creatio continua. Vgl. ebd.
[286] Dies gilt in Anknüpfung an die traditionelle Vorstellung einer creatio continuata. Vgl. ebd.

Die geschaffene Welt ist von der erschaffenen Welt her zu begreifen.[287] Nur in diesem Fall bleibt Gottes unverdiente Bejahung der Welt als Folge seiner Liebe unbeschränkt.

Rückfragen nach den Grenzen menschlicher Gotteserkenntnis(2)

Gründe für eine auch und gerade angesichts dieser Erklärungen nicht ausgeräumte Unordnung liegen mit der Rede von dem Übel vor. In Bezug auf die Welt stellen sich zwar strukturelle Probleme insbesondere unter der Voraussetzung ein, dass von Gott seine Allmacht, seine Allwissenheit und seine Güte gleichzeitig ausgesagt werden. Vor allem aber führt die Rede vom Übel an die Grenzen menschlicher Gotteserkenntnis.

Klassisch werden drei verschiedene Formen unterschieden: das metaphysische Übel als Folge der Begrenztheit des Lebens, das physische Übel als Ausfluss von körperlichen und seelischen Leiden durch Katastrophen und Kriege sowie das moralische Übel als Folge von Fehlverhalten und Schuld.[288] Die Rede vom Übel betrifft weniger die Forderung nach einer Grenze, bis zu der man bestimmte Formen akzeptieren kann, oder eine Einschränkung der Möglichkeit zum Bösen, insofern damit zugleich eine Einschränkung der Möglichkeit zum Guten einhergehen würde. Die Rede vom metaphysischen Übel erinnert den Menschen vielmehr an seine eigene Unvollkommenheit. Er kann nicht so sein wie Gott. Und auch das physische Übel lässt sich nicht unter Verweis auf die Möglichkeit unspezifischer, geheimnisvoller oder künftiger Sinnhaftigkeit entschärfen (Jer 12, 1-6). Das physische Übel erinnert an die eigene Sterblichkeit und macht darauf aufmerksam, dass die eigene Existenz von zeitlich begrenzter Dauer ist.[289] Das moralische

---

[287] Härle 2018, 423 f. Härles Ansatz ist hier insofern höchst bedeutungsvoll, als Wittekind schon den Versuch des Versuchs der Rede von der Rechtfertigung Gottes angesichts des realen Leidens des Menschen in der Welt als zum Scheitern verurteilt sieht und darauf hinweist, dass sich an dieser Stelle nur soteriologisch argumentieren ließe. Wittekind 2018, 268, 274.

[288] Es kann auch als Sünde bezeichnet werden

[289] Alternativen bestehen in zwei Hinsichten: Man könnte den Menschen im Rahmen der Anthropodizee auf seinen gnadenlosen Zustand ansprechen, dies implizierte aber eine Überforderung für den Menschen. Es wäre auch möglich gegenüber Gott als Schöpfer der Welt gegen das Übel zu protestieren. Eine letzte Antwort gibt es an dieser Stelle nicht. Härle 2018, 453 f.

Übel gilt als Kehrseite menschlicher Freiheit und ist die Bedingung der Möglichkeit von Freiheit.

Das schöpfungstheologisch präzisierte Theodizeeproblem führt menschliches Erkennen an seine Grenzen.[290] Diese Erkenntnis vorzubereiten kann Aufgabe eines entsprechenden Theologisierens sein.

Gott und seine menschliche Eigenschaften (3)

Das Sein Gottes unterscheidet sich grundsätzlich von demjenigen der Menschen. Das Phänomen lässt sich auf zwei Ebenen diskutieren.

Eine Möglichkeit besteht darin, bei den Unterschieden zwischen göttlichen und menschlichen Eigenschaften Gottes anzusetzen. Dass allein Gott Eigenschaften wie Allmacht, Allgegenwart, Allwissenheit, Ewigkeit oder Unveränderlichkeit zugeschrieben werden, gilt als Ausdruck des Umstandes, dass er sie den Menschen gnädig vorenthält. Demgegenüber fallen unter seine menschlichen Eigenschaften spezifische Attribute, die eine reale Verbundenheit zum Ausdruck bringen. Dabei handelt es sich um Güte, Barmherzigkeit, Gerechtigkeit, Heiligkeit, Weisheit und Liebe, also um Eigenschaften, die er den Menschen gnädig zueignet.[291] Dies bedeutet nun nicht, dass von Gott nur die menschlichen Eigenschaften erkannt werden könnten, sondern es erweist sich, dass er die liebevolle Allmacht als allmächtige Liebe einsetzt. Sie ist dabei nicht wahllos, sondern interpretiert sich selbst von ihrer Güte und Barmherzigkeit her. Er kann dies tun, weil auch der Zorn als Ausdruck seiner Liebe erscheint (vgl. dazu Jes 5, 25; Jes 9, 11; Ez 7, 3; Hos 5, 10; Mi 5, 14; Zef 1, 15.18).[292]

Eine andere Möglichkeit ergibt sich, sofern man sich darauf einlässt, Gottes Wirklichkeit in Frage zu stellen. So hegt die Religionskritik grundsätzlich einen Illusionsverdacht: Persönlicher Leidensdruck, Sehnsüchte und Hoffnungen, aber auch natürliche sowie gesellschaftliche Krisen bringen die Vorstellung von Gott hervor. Religion entsteht aus illusionären Bedürfnissen und utopischen Wünschen. Diese Argumentation lässt sich allerdings auch gegen ihre Verfechter wenden. Wenn ein mögliches Motiv des Glaubens als Argument gegen seine Wahrheit verstanden werden kann, dann lässt sich auch umgekehrt nach

---

[290] Härle 2018, 441–457.
[291] Härle 2018, 256.
[292] Härle 2018, 267 f. So insbesondere auch Janowski 2013, 152.

einem konkreten Motiv der Religionskritik suchen, gegen die Grundsätze des christlichen Glaubens zu argumentieren. Dieses Motiv könnte etwa in Neid, aber auch in Lieblosigkeit bestehen. Religionskritik ist dann nicht an der Wahrheit interessiert, sondern an der Durchsetzung dieses spezifischen Motivs. Und auch jene andere Anfrage lässt sich entsprechend problematisieren, die davon ausgeht, dass die Hypothese Gott nicht notwendig sei, um die Welt zu erklären.

Geht man davon aus, dass das Wesen von Gott als Grund alles Seienden die Liebe ist, so scheint nicht nur jenen Versuchen, die Gott zur reinen Hypothese erklären, der Grund entzogen. Auch die strittige Frage nach der Weltentstehung weicht ihrer Erklärung aus Gottes Schöpferdasein und erscheint damit als eine Möglichkeit, die Anfragen der Sechstklässler weiter zu entwickeln.[293]

4.2.2. Das Gespräch mit den Denkanstößen der Zehntklässler

Auch an dieser Stelle geht es darum, die Spannungen, Schwierigkeiten, Anfragen und implizite Forderungen nach Weiterentwicklung von Gottesbildern und Gottesvorstellungen in ein mögliches Gespräch mit Experten zu überführen. Dabei ist wiederum an kein reales Gespräch gedacht, sondern an eine Vorbereitung möglicher Auseinandersetzungen.

Insgesamt ist allerdings zu beachten, dass die Zehntklässler im Unterschied zu den Sechstklässlern nicht durch ihre Bilder, sondern in ihren schriftlichen Äußerungen zu provozieren suchen. Der Bruch im Bild wird faktisch nicht thematisiert. Demgegenüber verlangt der Bruch zwischen Bild und Bildbeschreibung weniger ein konkretes Erfragen biblisch grundierter Bezüge als vielmehr eine Auseinandersetzung mit Kritik an, aber auch das Weiterdenken von Tradition(en). [294]

Es geht im Folgenden also weniger um ein Gottesbild oder eine Gottesvorstellung als vielmehr um den Umgang mit den aus den Gottesvorstellungen erwachsenen Schwierigkeiten. Anders formuliert: es geht um die Frage nach den Bedingungen von Gotteserkenntnis. Vom Grundsatz her ist auch hier der Aufbau von Danz zugrunde gelegt.

---

[293] Härle 2019, 269–272.
[294] Wittekind 2018, 245–264, 115–132, 77–94.

4.2.2.1. Fragen der Gotteserkenntnis

Die Bezüge zur christlich-biblischen Tradition (vgl. Kap. 4.1.4.1.) zeichnen sich in transformierter Gestalt in den Umgang mit einem kaum oder nur in Rudimenten abbildbaren Gottesbild ein: einzelne Darstellungen entwickeln sich als alternative Formen der Gotteserkenntnis (1). Räumlich und zeitlich dimensionierte Abstandshalter schieben sich zwischen Gott und die Menschen und verdeutlichen, dass Gott nicht abwesend, aber auch nicht unmittelbar persönlich anwesend ist (2). In der Auseinandersetzung mit der Gottesvorstellung sowie einzelnen ihrer Dimensionen verwandelt sich vordergründige Distanz in Andersheit (3).

Zur Entwicklung der Gotteserkenntnis (1)

Die Frage, wie sich Gott in Bezug auf die Welterkenntnis verhält, also ob sich Gott als ein logisches Prinzip des Denkens und Erklärens der Welt oder als ein Deutungselement der geschichtlichen Existenz des Menschen begreifen lässt (Ez 21,10; Ez 36,23; Jes 43,10; Jes 45,6; Jes 49,26), war und ist umstritten.

Exemplarisch werden einige Positionen vorgestellt: Augustin betrachtet den transzendenten, dreieinigen Gott als das Prinzip des Denkens gegenüber der Welt. Zugleich hält er ihn für frei gegenüber einer Welt, deren Geschöpfe ihn zum Prinzip dieser Welt machen. Mit dem Ansatz ist das Nachdenken über den Gottesgedanken von der Welt her als notwendig erwiesen.[295] Jeder Versuch allerdings, sich dem Nachdenken über Gottes Existenz von dieser Voraussetzung aus mit Hilfe von Gottesbeweisen zu nähern, muss als gescheitert gelten. Bleibend strittig ist demgegenüber die hier markierte Problemanzeige, die Frage, ob man die Gottesvorstellung aus der Erfahrung oder aus dem Begriff heraus beweisen könne. Zwar hat bereits die Reformation das Fragen nach der Existenz Gottes sistiert und die individuell-existentielle Funktion des Gottesgedankens fokussiert.[296] Reformatorisches Denken muss sich aber dem Problem stellen, wie Gott dem Glaubenden das Heil so zusprechen kann, dass er dessen gewiss wird.

---

[295] Hier ist noch einmal darauf hinzuweisen, dass der Ausdruck Gott biblisch ausgesprochen unspezifisch verwendet wird. Vgl. Wittekind 2018, 81.
[296] Wittekind 2018, 82.

Durch die Aufklärung treten neue Problemstellungen hinzu. Die Vernunft spielt eine erhebliche Rolle für das Nachdenken über den Glauben sowie insbesondere für den zugrunde liegenden Gottesbegriff.[297] Dabei ergeben sich unterschiedliche (Denk-) Möglichkeiten. Man kann den Gottesgedanken als Ausdruck eines sich selbst durchsichtigen Glaubens begreifen. Indem im Glauben der Gottesgedanke durchsichtig wird, entsteht ein Verständnis des Glaubens für die Welt, das der Glaube als religiöse Deutungssprache des Menschen zu Bewusstsein bzw. zur Sprache bringt – so formuliert es in etwa Wittekind.[298] Glaube und Theologie beziehen sich aufeinander, jedoch zirkulär.[299] Man kann aber auch mit Danz darauf aufmerksam, dass der glaubende Mensch im Geschehen selbst „drinnen"[300] ist. Gott gilt nicht wie bei Platon als Demiurg für das Gute oder – wie bei Aristoteles – als derjenige, dem man dabei „zusehen" kann, wie er die Weltschöpfung in Bewegung setzt.

Gott wird also insgesamt nicht länger von außen betrachtet. In diesem neuen Umgang mit Fragen der Gotteserkenntnis ist die Rolle des Zuschauers abgeschafft.[301] Dies darzulegen dürfte eine gewichtige Aufgabe des Theologisierens sein.

In der Schöpfung sein? (2)

Die Frage nach der räumlichen und zeitlichen Dimension von Gottes Stellung zu seiner Schöpfung führt zur Problematik der Erschaffung aus dem Nichts.

Der Ansatz der creatio ex nihilo stellt sicher, dass Gott bei der Erschaffung der Welt weder etwas Vorgegebenes in Anspruch nimmt oder benötigt, noch die Schöpfung selbst hervorbringt. Gottes Schöpferwirken ist voraussetzungslos, es ereignet sich nicht im Raum und auch nicht in der Zeit.[302] Dieses durchaus ambivalente Phänomen versucht Härle im Rückgriff auf Karl Barth zu beschreiben. Während Barth den Bund als inneren Grund der Schöpfung, die Schöpfung als äußeren Grund des Bundes bestimmt, ersetzt Härle den Bund durch die Schöpfung und die

---

[297] Danz 2019, 27 bzw. 39.
[298] Wittekind 2018, 86.
[299] Gottes Dasein „hängt an dem Zirkel von religiöser Funktion und religiöser Gegenständlichkeit in der religiösen Rede." Wittekind 2018, 88.
[300] Danz 2019, 82.
[301] Danz 2019, 27.
[302] Härle 2018, 412.

Schöpfung durch die Weltentstehung. Die Weltentstehung ist für ihn der äußere Grund der Schöpfung, die Schöpfung der innere Grund der Weltentstehung. Die naturwissenschaftlich zu erklärende Weltentstehung wird von der Schöpfung her interpretierbar.[303] Als innerer Grund der Weltentstehung gilt die Schöpfung als Realisierung der Liebe Gottes, die nicht erst im Nachhinein die Begegnung mit dem Liebenswerten liebt, sondern die das Geliebte allererst liebenswert macht.[304] Die Rede von der Schöpfung erklärt die Weltentstehung zum Ausdruck von Gottes väterlicher Güte (Ps 86, 15; Ps 103, 8; Ps 136; Ps 145, 8) sowie seiner Barmherzigkeit.

Dieser doppelte Schöpfungsbezug sucht jener Problematik zu entsprechen, die sich mit dem Erschaffensein der Welt und dem Geschaffensein des Menschen in Bezug auf den Schöpfer befasst.

Zur Andersheit Gottes (3)

Klassischerweise wird die Andersheit Gottes im Zusammenhang der Theodizee aufgeworfen. Das Phänomen thematisiert das Problem des Umgangs mit dem bleibenden Übel in der Welt.[305] Der Gedanke selbst verweist auf die Möglichkeit der Herkunft des Bösen aus dem freien Willen des Menschen.

Eine Aussage über die *größtmögliche Andersheit Gottes* erweist sich jedoch nur dann als sinnvoll, wenn sie neben dem destruktiven Potential zugleich einen konstruktiven Weltbezug enthält.[306] Da allerdings die „abrahamitischen Religionen die Einheit und die Differenz von Welt und Gott"[307] im Schöpfungsgedanken aussagen, muss dieser Gedanke auch in die Gottesvorstellung eingezeichnet sein, dann aber weiter entwickelt werden. Dass Gottes Schöpfung in der Theologie des 20. Jahrhunderts „als äußere Wendung seines trinitarischen schöpferischen Selbstbezugs zu lesen ist, dass Gott die alles bestimmende Wirklichkeit und das Geheimnis der Welt ist"[308], führt im 21. Jahrhundert zur Überlegung, dass die Theologie ihre Aussagen nicht länger gegenständlich

---

[303] Härle 2018, 411–426, 419 f.
[304] Härle 2018, 411–426.
[305] Wittekind 2018, 132, 276 ff.
[306] Wittekind zeichnet die Andersheit Gottes in den Kontext von Schöpfung und Fall sowie Erlösung ein. Wittekind 2018, 276 f.
[307] Wittekind 2018, 276.
[308] Wittekind 2018, 280.

formuliert. Sie versucht vielmehr begreifbar zu machen, wie die Schöpfung zu einem Gegenstand religiöser Deutung werden kann.[309] Damit ist beim Nachdenken über die Bedingungen der Deutung von Schöpfung angesetzt. Dies impliziert, nach ihrer Andersheit zu fragen.[310] Es handelt sich dann allerdings nicht um eine einzelne Zustandsbeschreibung, sondern um einen zeitlich und räumlich dimensionierten Bewegungsbegriff.

Die Andersheit Gottes verwandelt sich in eine Aussage über Gottes Sein als „Geheimnis der Welt".[311] Ein möglicher Ansatz zum (christologischen) Weiterdenken ist damit nicht nur nicht ausgeschlossen, sondern drängt sich dort geradezu auf, wo die strukturellen Aporien im Umgang mit der Schöpfung offenkundig werden.

4.2.2.2. Neues Denken über Gottesvorstellungen

Mit Blick auf das Verstehen von Tradition (vgl. Kap. 4.1.4.2.) ist eine unterschwellige Transformation zu verzeichnen. Dies betrifft die Möglichkeit der Bejahung von Innovation, der ambivalenten Negation sowie der Kritik (1). Unterstützt wird die Transformation durch Modulationen, die sich Resignation, aber auch zirkulären Wiederholungen zu entziehen suchen (2). Dabei ist es weniger die Ausbildung eigener Gottesvorstellungen als vielmehr ein neues Denken über die eigenen Gottesvorstellungen, das sich aus der Thematisierung von Grundproblemen des Gottesbildes ergibt (3).

---

[309] Wittekind 2018, 280: „Die Antworten des 20. Jahrhunderts werden also verstanden als Kritik an der klassischen Überzeugung von dem Weltverhältnis Gottes. Denn sie nehmen die Gegenständlichkeit der Aussagen zurück zugunsten der theologischen Selbstbezüglichkeit. Dass Gottes Schöpfung als äußere Wendung seines trinitarischen schöpferischen Selbstbezugs zu lesen ist, dass Gott die alles bestimmende Wirklichkeit und das Geheimnis der Welt ist, führt zu der Lesart, dass damit die Theologie die Eigenständigkeit der religiösen Aussagen über den Weltbezug Gottes zu denken versucht."
[310] Ein biblischer Befund lässt sich nicht belegen. Interessant ist aber, dass in der Religionspädagogik Andersheit mit Paradoxie bzw. Geheimnis des Glaubens konnotiert und an die Auferstehung gebunden wird. Vgl. Brieden/Heidemann/ Roose 2016.
[311] Jüngel 2001, 180 ff.

Zugänge (1)

Es dürfte schwer sein, die traditionelle Sprache des Glaubens von der Welt und ihrem Geschaffensein, Erhalten- und Gesteuertwerden durch Gott auf die Stufe wissenschaftlich exakter Theorien zu heben. Es scheint sehr viel einfacher, Religion von Seiten der Nachbardisziplinen in Frage zu stellen.[312]

Gleichwohl wäre es dem christlichen Glauben wenig angemessen, sich von Welterklärungstheorien, geschichtsbezogenen Metaphysiken oder spekulativen Geschichtsentwürfen fern zu halten. Das Problem wäre nicht gelöst, sondern allenfalls dahingehend präzisiert, dass ausgeführt wäre, was eben nicht funktioniert. Entsprechende Einsichten führen zu unterschiedlichen Vorschlägen.

Befasst sich Wittekind unter Aufnahme von Grundbegriffen christlichen Glaubens und Dogmatik mit der Frage einer Weiterentwicklung religiöser Rede zu einer Theologie religiöser Rede[313], so unternimmt Danz vor dem Hintergrund einer Aufarbeitung klassischer Traditionen den Versuch einer Neubeschreibung von Aneignungsformen traditioneller Gedanken.[314]

Die verschiedenen Ansätze sind mit Blick auf ein Theologisieren von und mit Jugendlichen bewusst zu machen.

Modulationen (2)

Lässt man sich auf inhaltlich akzentuierte Denkmodelle – wie insbesondere das deistische – ein, so ist abzuwägen, welche Vor- und welche Nachteile die jeweiligen Konzepte mit sich bringen.

Der deistische Ansatz räumt in dieser Hinsicht vielfältige Probleme zur Seite, die das Wirken Gottes in der Welt beschreiben. Wenn Gott die Welt ausschließlich erschaffen hat, für die kontinuierliche Sicherung ihres Fortbestandes aber in keiner Weise zuständig ist, stehen Schöpfung und Weltentstehung allenfalls in einem zeitlichen Folgeverhältnis. Mögliche Spannungen oder Widersprüche zwischen der Geltung der Naturgesetze, der Eigenständigkeit menschlichen Handelns und Äußerungsformen menschlicher Spiritualität einerseits sowie dem Wirken

---

[312] Vgl. dazu insgesamt Härle 2018, 269–272.
[313] Wittekind 2018, 116–119.
[314] Danz 2019, 6.

Gottes andererseits sind vom Grundsatz her ausgeschlossen. Das Denken wendet sich innerweltlichen Phänomenen zu, die die Vernunft als Teil der natürlichen Religion deklariert.[315] Allerdings: Auch wenn der Gottesbegriff erhalten bleibt, so wird Gott in diesem Ansatz aus der Welt gedrängt: Gott ist „die Alles äußerlich *ermöglichende*, aber nicht mehr […] die Alles *bestimmende* Wirklichkeit"[316]

Zwar scheint der Anspruch des Deismus allgemein, seine spezifische Rezeption christlicher Elemente lässt ihn jedoch zur partikularen Vernunftreligion mutieren. Vor diesem Hintergrund bieten sich zwei kritisch ergänzende Alternativen an: Zum einen die anthropologisch basierte Rückwendung zu vermögenspsychologischen Grundunterscheidungen. Religion tritt in den erweiterten Kreis der Bedingungen des Menschseins ein.[317] Zum anderen eine biblisch orientierte Prüfung jener Vorstellung, die den Menschen in ein Netz von Erhaltung, Mitwirkung oder Lenkung durch göttliche Vorsehung hinein stellt.[318]

Der Deismus verstärkt in beiden Perspektiven den Eindruck göttlicher Willkürlichkeit. Dies ist gegenüber den Zehntklässlern entsprechend ins Gespräch zu bringen.

Neues Denken über Gottesvorstellungen (3)

Das christliche Verständnis von Gott stellt sich einer Vorstellung entgegen, die Gott lediglich als etwas Gedachtes auffasst.

Wechselt man die Perspektive, so wird es möglich, nicht die Existenz, sondern die Wirklichkeit Gottes zu thematisieren. Es geht nicht darum, ob irgendwo ein Wesen existiert, das man Gott nennen kann, sondern darum, ob dieses Universum und alles, was in ihm existiert, von etwas

---

[315] Danz 2016, 116 f.
[316] Härle 2018, 288.
[317] Hier steht die Rezeption der platonischen Grundunterscheidung von Denken, Fühlen und Handeln im menschlichen Seelenvermögen im Hintergrund. Sie äußert sich bei Kant in Form der praktischen Vernunft, bei Schleiermacher in Gestalt der Integration von Religion in den Gefühlskontext. Vgl. Danz 2016, 117.
[318] Dabei steht das Mit-Wirken Gottes bei menschlichen Entscheidungen, das nicht immer als solches erscheint, unter dem Vorbehalt des Schauens (1. Kor. 13,12). Ähnliches gilt für die Lenkung und Leitung des Menschen vgl. Härle 2018, 286–295.

bestimmt wird, dessen Wirklichkeit man als mit dem Wesen der Liebe ausgestattet begreifen kann.[319]

Zwar ist hinsichtlich der Liebe zwischen Agape und Eros zu unterscheiden: die Agape erstrebt für den Anderen das Beste, der Eros ist auch selbstbezogen eingestellt. Diese Unterscheidung eröffnet hingegen neue Formen des Umgangs mit dem Gottesbild. Gottes Liebe erscheint im Modus der Agape, da sie selbstlos ist. Aber auch die Anteile des Eros sind nicht zu unterschätzen, sofern über Gott ausgesagt werden kann, dass er vor Liebe im Herzen brennt (Hos. 11, 8; Lk 15, 20).

Gottes Liebe kann auf diese Weise gegenüber den Zehntklässlern sowohl als seine Zuwendung zur Welt als auch als spezifisches Beziehungsgeschehen gedeutet und ins Gespräch gebracht werden (1. Joh 4, 10; 2. Kor. 9,7).

4.2.2.3. Erneutes Bedenken von Sinn

Begreiflich gemacht wird schließlich auch der Sinn des Gottesgedankens (1), dessen existentielle Relevanz sich jenseits von Resignation, d.h. von lebensbedrohlichen Illusionen und unerfüllten Sehnsüchten imponiert (2). Dabei sind Fragen menschlicher Existenz neu zu bedenken (3). (Vgl. Kap. 4.1.4.3.)

Gott und der Sinn (1)

Außerhalb des Feldes klassischer Metaphysik existieren Gottes Eigenschaften nur als reflexive Beschreibungsgehalte. Sie machen den Glauben mit Blick auf das Funktionieren religiöser Rede durchsichtig.

Religiöse Rede konstituiert sich durch einen formalen „Zirkel aus gegenständlichem Zur-Erscheinung-Bringen religiöser Inhalte und Selbstdurchsichtigkeit"[320]. Dieser setzt die wechselseitige Durchdringung religiöser Gegenstände, sofern sie als Reflexionsausdrücke ihres religiösen Gemeintseins vorliegen, voraus.[321] Gottes Eigenschaften lassen sich im Rahmen dieses Zirkels als Geistigkeit beschreiben. Sie gelten als „Sinnhaftigkeit, als Weise menschlicher Sinndeutung", aber

---

[319] Härle 2018, 268–280.
[320] Wittekind 2018, 94.
[321] Ebd.: „[…] zugleich ist aber dieses Gemeintsein niemals ohne die Herstellung von Gegenständen, an denen überhaupt dieses Gemeintsein sich ausdrücken kann."

auch als „unendliche Geistigkeit"[322], also als besondere, religiöse Geistigkeit. Eigenschaften Gottes, die sich aus einem wertenden, d.h. positiven oder negativem Weltbezug ergeben, werden ausgeklammert. Diesseits dieser formalen Zugänge kommt religiöse Gegenständlichkeit im Rahmen des Schriftbezugs zur Sprache: Die Konstruktion des spirituellen Sinns, das reformatorische Schriftprinzip als sich der eigenen Qualität selbst vergewisserndes hermeneutisches Prinzip religiöser Rede, historisch-kritische Unterscheidungen sowie die von Karl Barth eingeforderte Selbstkritik der existentialen Bibelexegese erweisen sich als religiöse Gegenstände, die zugleich religiöse Funktionen in Bezug auf das Nachdenken übernehmen können.[323]

Die verschiedenen Umgangsformen mit der Schrift klären über den Sinn religiöser Rede so auf, dass ihr Besonderes gegenüber hybriden Religionsphänomenen in Erscheinung tritt.[324] Dies ist bei einem möglichen Theologisieren bewusst zu machen.

Eigenheiten religiöser Rede (2)

Vor diesem Hintergrund werden bekannte Inhalte durch ihre Aufnahme in die religiöse Rede „zugleich neu produziert"[325]. Dabei lassen sich mit Blick auf die existentielle Relevanz der Schöpfung verschiedene Aspekte diskutieren.

Das zirkelförmige Verfahren wird insbesondere auf die schöpfungstheologisch-kosmologischen Aussagen angewandt. Die strikte Ablehnung ihrer konkreten Gegenständlichkeit mündet ein in die Rekonstruktion des Sinns von Schöpfungsaussagen zwischen „Buchreligion und Wirklichkeitsglaube"[326]. Der Weltbezug Gottes wird in Entsprechung zu kritischen Anfragen von außerhalb der theologischen Wissenschaft transformiert und modifiziert. Insofern die Inhaltlichkeit der Schöpfung keine Aussage über die Welt und die Weltentstehung meint, sondern die Entstehung von Inhalten aus dem Geist religiöser Rede beschreibt,

---

[322] Wittekind 2018, 94.
[323] Wittekind 2018, 96.
[324] Wittekind 2018, 95–114.
[325] Wittekind 2018, 115.
[326] Wittekind 2018, 120.

wird ihre existentielle Dimension in Gott selbst hineingezogen. Die Inhalte beziehen sich klassisch-traditionell gesprochen auf Vorsehung und Theodizee.

Dies Verfahren hebt darauf ab, dass sich das eigene Selbstverstehen im Rahmen religiöser Rede als Fremdverstehen ereignet. Es ist als solches transparent zu machen.

Religiöser Sinn menschlicher Existenz (3)

Vor diesem Hintergrund ist – auch als Konsequenz aus den impliziten Äußerungen der Zehntklässler – zwischen den Gegenständen religiöser Rede und ihrer Funktion innerhalb religiöser Rede zu unterscheiden: „Sobald bestimmte Gegenstände als mögliche Gegenstände religiöser Rede in diese eingeführt sind, religiöse Rede an ihnen funktioniert und mit ihrer Hilfe weitergegeben wird, werden sie als Bestandteile religiöser Rede erhalten."[327]

Diese Überlegung impliziert weder religiösen Sinn auf alle möglichen Gegenstände bzw. Thematisierungen von Welt und Mensch zu übertragen, noch setzt sie religiöse Sinnerfahrungen voraus.[328] Sie hält vielmehr fest, dass alle Aussagen religiöser Rede rückbezüglich auf die Schrift bzw. die Reflexion des Zugangs zu ihr zu halten sind.

Die Frage nach dem Sinn bekommt neue Möglichkeiten zugespielt. Unter dieser Voraussetzung hat auch das konkrete Theologisieren zu klären, was jeweils unter Gegenstand, Funktion und inhaltlichem Gemeintsein zu verstehen ist.

Insgesamt scheint es uns einer größeren Diskussion wert, zu thematisieren, ob dieses Vorgehen mit Wittekind notwendigerweise an das spezifische Funktionieren religiöser Rede gebunden bleiben muss oder ob sich nicht mit Danz eine Rekonstruktion und Transformation traditioneller Denkbewegungen nahe legt. Diesem Problem wird nicht nur mit Blick auf das Theologisieren als einer Funktion religiöser Rede nachzugehen sein.

---

[327] Wittekind 2018, 128 f.
[328] Letzteres ist für Wittekind – allerdings in einem anderen Kontext – zentral. Vgl. Wittekind 2018, 115f.

Mögliche Lösungen sind auch mit Blick auf die spezifische Inhaltlichkeit religiöser Rede jeweils neu auszuloten und zwischen den Beteiligten auszuhandeln. Dabei ist die Unterschiedlichkeit der entwicklungspsychologischen Zugänge zu beachten. Während die Sechstklässler implizite oder explizite dogmatische Themen und Zugänge rezipieren, sprechen die Zehntklässler offensichtlich jene Probleme an, die auch den Expertenpositionen zugrunde liegen. Es kommt zu weiterführenden kognitiven Überlegungen, aber auch zu tröstend reflexiven Gedanken.

In jedem Fall aber erleichtert das *Konzept einer kommunikativen Aneignung von religiöser Rede* als Aufnahme traditioneller Elemente, als Verstehen von Tradition sowie als Darlegung eines persönlichen Bezugs ein Theologisieren im Sinne einer Vorbereitung – (noch) nicht aber einer Durchführung – eines möglichst breiten Angebots von religiös und theologisch passförmigen Alternativen.

5. Fazit

5.1. Die anderen Gottesbilder: Irritierendes und Fremdes

Die Bilder und Bildbeschreibungen der Kinder und Jugendlichen zur Fragestellung: „Wie stellst Du dir Gott vor? Male ein Bild!" gewähren Einblicke in verschiedene Gottesbilder von Sechst- und Zehntklässlern. Dabei scheinen alle Schüler*innen in der Lage, als „eigene kleine Theologen"[329] ein Bild von ihrer Gottesvorstellung zu zeichnen. Sie bringen durch ihre Bilder und Beschreibungen aber auch ihre persönlichen Gedanken zum Ausdruck. Durch den Prozess des Malens „theologisieren"[330] sie über Gott in ihrem Alltag. Die künstlerische Umsetzung sowie die Beschreibung des Gottesbildes zeigt, wie sie sich Gott vorstellen und thematisiert, wo sie sich in ihrem Verhältnis zu Gott sehen.

Der Sinn dieser Studie war es, die – gegenüber einem hinreichend erforschten Mainstream – untypischen Vorstellungen von Gott in den Bildern und Bildbeschreibungen von Schüler*innen zu analysieren und den ästhetischen Bruch methodisch zu fokussieren. Im Verlauf der Analyse hat sich herausgestellt, dass bei den untersuchten Bildern der Bruch in einem spezifischen Zusammenhang mit der Vorstellung von Gott steht.[331] Durch die Analyse der Bilder und Bildbeschreibungen und die Fokussierung auf die Brüche hat sich gezeigt, dass bereits Sechstklässler mit ihren gemalten Vorstellungen von Gott zu theologisieren beginnen. Sie setzen sich ausdrücklich von den hergebrachten Darstellungen ab, weisen aber auch Brüche in ihren Bildern auf. Ähnliches gilt für Bilder der Zehntklässler, wenngleich der Vorgang zumeist auf das spannungsvolle Verhältnis zwischen jeweiligem Bild und Bildbeschreibung bezogen ist. Dabei zeigt sich auf Grund der dokumentarischen Interpretation, dass sich die Schüler*innen aktiv mit ihren Vorstellungen von Gott auseinandergesetzt haben. Dies gelingt vor allem dort, wo die Schüler*innen ein Bild von Gott entwickeln, an dem sie existentielle

---

[329] Vgl. Synode der EKD 1995, 70.

[330] Inwieweit es sich bei sämtlichen Zeichnungen um ein Theologisieren im skizzierten Sinne handelt, kann hier nicht entschieden werden. So wird zu diskutieren sein, ob bereits die einfache Illustration ein Theologisieren impliziert.

[331] Die übrigen Gottesbilder enthalten keine Brüche, sondern beschreiben im Wesentlichen das Dargestellte oder reflektieren das, was dargestellt worden ist.

Grundfragen diskutieren. An dieser Stelle kann die Frage ansetzen, inwiefern es zu einer „Reflexion des Glaubens"[332] kommt.

Die Untersuchung liefert Erkenntnisse über religiöse Grundfragen der Schüler*innen. Sie können als eine entscheidende Hilfe für den Religionsunterricht betrachtet werden. Die Ergebnisse gewähren Einblick in das, was Kinder und Jugendliche im Rahmen der Auseinandersetzung mit der Frage nach Gott bewegt. Sie deuten an, dass die Schüler*innen eigene Lösungen für die sie bewegenden Fragen gefunden haben.[333] Damit machen sie nicht nur auf Themen aufmerksam, die im konkreten Unterricht kommuniziert werden können. Sie zeigen auch, an welchen Stellen Kinder und Jugendliche Begleitung benötigen.

5.2. Gottesbilder und empirische Methoden

Die vorliegende Untersuchung zur Vorstellung der Gottesbilder von Kindern und Jugendlichen erhebt nicht den Anspruch, allgemeingültigere Aussagen zu treffen. Für Verallgemeinerungen sind zusätzliche Erhebungsverfahren notwendig. Gleichwohl möchte unsere Studie auf den Zusammenhang von Gottesbildern, einem theologisierenden Nachdenken über sie und der Notwendigkeit, diese Verbindung mit empirischen Methoden zu bedenken, aufmerksam machen. Dies gilt umso mehr als bislang u.W. kein Versuch unternommen wurde, das Nachdenken über den Umgang mit Gottesbildern mit Positionen von Expert*innen in Beziehung zu setzen. Gegenüber der bislang in der Community vorherrschenden Bezugnahme auf ein positives Gottesbild sind Differenzierungen vorzunehmen.

Die Forschungsfrage hatte das Ziel, die kindlichen und jugendlichen Vorstellungen von Gott zu erfragen. Bereits im Design der Studie wurde zwischen einer künstlerischen Umsetzung der Gottesvorstellung sowie einer schriftlichen Erläuterung unterschieden. Die Schüler*innen sollten ihre Bilder beschreiben und kommentieren. Dieser Schritt hat sich als sinnvoll erwiesen. Er ermöglicht den Schüler*innen, sich durch

---

[332] Vgl. Härle 2004, 23.

[333] Die Aussagen gelten auf der Basis des hier verwendeten Samples. Insofern sich verschiedene Parallelen insbesondere zu den vom Mainstream abweichenden Beobachtungen in der Untersuchung von Maull ergeben, halten wir eine Übertragung unserer Ergebnisse auf andere Zusammenhänge für möglich.

das Anfertigen eines Bildes mit der eigenen Gottesvorstellung auseinanderzusetzen. Die schriftlichen Zusätze übernehmen aus entwick-
lungspsychologischer Perspektive verschiedene Funktionen. Während
die Kinder in ihren schriftlichen Äußerungen allzu kühne bildliche Vorstellungen korrigieren, thematisieren die Jugendlichen in ihren schriftlichen Kommentierungen überwiegend Probleme und Schwierigkeiten
mit der eigenen Gottesvorstellung.

Mit Hilfe der dokumentarischen Methode konnten tiefer liegende
Strukturen aufgedeckt werden. Insbesondere auf der Ebene der reflektierenden Interpretation ließ sich der Nachweis führen, dass kohärente
Konzeptionen gebildet werden. Im Falle der Jugendlichen wurde deutlich, dass sie über ihre eigenen Vorstellungen hinausgehen und einzelne
Aspekte oder die Vorstellung im Ganzen problematisieren. In der komparativen Analyse wurde dieser Zusammenhang durch den Vergleich
von Bild und Text, aber auch durch den Vergleich mit anderen Entwür-
fen herausgestellt. Die zu charakteristischen Gottesbildern führende
Typenbildung erfolgte überwiegend auf der Basis der Sinngenese.[334] Es
will uns insgesamt scheinen, als wäre die Sinngenese gegenüber der
Soziogenese für die Arbeit der didaktischen Fächer zentral.[335]

Die Schüler*innen der sechsten Klasse zeigen ein individuelles Gottesbild, aber keine unmittelbar persönliche Beziehung zu Gott. Sie beschreiben ein Verhältnis zwischen Gott und den Menschen. Gott wird
als ein Gott „für alle Menschen" dargestellt. Auch in den Bildern und
Bildbeschreibungen der Jugendlichen ist keine individuelle Gottesbeziehung erkennbar. Gott wird als jemand beschrieben, der für „uns" da
ist. Gleichwohl wird deutlich, dass die Jugendlichen gegenüber der Gottesfrage persönlich Position beziehen.

---

[334] Ob die Frage nach dem sozialen Hintergrund nennenswerte Erträge für die
Forschungsfrage liefern kann, scheint zweifelhaft. Auch die in der Studie von
Maull erhobenen Ergebnisse zeigen allenfalls hinsichtlich des individuellen
Herkommens, nicht aber mit Blick auf die Auswirkungen heterogener Voraussetzungen im Umgang mit dem Gottesbild größere Differenzen.
[335] Die Frage nach der Soziogenese erweist sich in diesem Zusammenhang insgesamt als von nachrangiger Bedeutung. Ob die Soziogenese tatsächlich zu
einer größeren Sensibilisierung für Heterogenität führen kann, ist der Überprü-
fung wert.

Im direkten Vergleich mit anderen Befunden zeigen bereits die jüngeren Bruchbildzeichner*innen, dass sie Lösungen für ihre Schwierigkeiten ersonnen haben.[336] Die Zehntklässler verfahren in ähnlicher Weise, sie treiben aber das Fragen durch ein Hinterfragen der Lösungen voran. Auch diese Beobachtungen können als Theologisieren interpretiert werden.[337]

5.3. Gottesbilder und das Theologisieren

Bisherige Studien dienten der Erfassung und Untersuchung des klassischen Gottesbildes von Kindern und Jugendlichen, wohingegen diese Untersuchung keine klassischen Gottesvorstellungen von Kindern und Jugendlichen analysiert, sondern den Bruch oder die Sperrigkeit in Bild und Bildbeschreibung fokussieren. Die veränderte Perspektive ermöglicht, neue Typen von Gottesbildern zu identifizieren, die als Basis für ein theologisierendes Gespräch im Religionsunterricht dienen können: Auch andere Schüler*innen werden in ihrer religiösen Entwicklung gefördert.

Das Anfertigen der Bilder über die individuelle Gottesvorstellung kann nicht mit einem theologisierenden Gespräch gleichgesetzt werden, jedoch können die Bilder als Auftakt für ein Gespräch dienen und den Einstieg erleichtern. Die selbst gezeichneten Bilder eröffnen mit der individuellen Reflexion des Gottesbildes einen ungewohnten Zugang. Sie erlauben aber auch einen vertieften Umgang mit der Gottesfrage.[338]

In der Kindertheologie wird zwischen der Theologie für Kinder, der Theologie der Kinder und der Theologie mit Kindern unterschieden.[339]

---

[336] Maull weist darauf hin, dass die Sechstklässler gelegentlich für Töne des Misstrauens oder Zeichen der emotionalen Distanz sensibel sind. Vgl. Maull 2017, 128. Die Themen werden nicht angesprochen, allerdings vereinzelt von den übrigen Zeichner*innen aufgegriffen. Vgl. Maull 2017, 128.

[337] Die Ergebnisse von Maull lassen zwar eine persönlichere Beziehung der Jugendlichen zu Gott erkennen. Im Fokus stehen persönlicher Schutz, Allgegenwart und eine spezifische Form der Sichtbarkeit. Diese Ergebnisse werden aber von den Bruchbildern selbst nicht bestätigt. Die Zehntklässler führen in diesem Sample an die Grenzen menschlichen Beschreibens heran. Vgl. Maull 2017, 143.

[338] Freudenberger-Lötz 2011, 264.

[339] Vgl. Büttner 2007, 2–11; vgl. auch Kap. 1.

Die Ergebnisse zeigen, dass die Kinder und Jugendlichen mit ihren Bildern und Bildbeschreibungen theologisieren. Sie theologisieren mit dem von ihnen selbst produzierten Material. Bilder und Bildbeschreibungen lassen sich auch als eine Theologie der Kinder, ansprechen, da die Schüler*innen ihr persönliches Gottesbild gezeichnet und erklärt haben.[340]

Für die Jugendtheologie gilt Entsprechendes. Es ist aber zu berücksichtigen, dass die Schwerpunkte der Jugendlichen auf den Kommentierungen der Gottesbilder liegen. Dies spricht für eine leichte Verschiebung in Richtung auf eine Beobachterrolle.

Von diesen Formen des Theologisierens sind Überlegungen abzugrenzen, die sich auf ein mögliches bzw. künftiges Theologisieren beziehen. Es geht um Ergänzungen bzw. Weiterführungen, die zwischen einer Auseinandersetzung mit eigenen Gottesbildern sowie einer Theorie im Umgang mit Gottesbildern bzw. Gottesvorstellungen unterscheiden. So lässt sich von weiteren Akteuren, d.h. den Lehrkräften bzw. den Lehrkräften in Auseinandersetzung mit den Bruchbildzeichner*innen, ggf. gemeinsam eine *Theologie für Kinder* entwickeln.[341]

Das Ergebnis der empirischen Analyse zeigt, dass sich die Schüler*innen auch dann, wenn sie nach außen hin anderes zur Kenntnis geben, insbesondere mit (fremden und eigenen) Gottesbildern auseinandersetzen. Daher scheint es geraten, unter Rückgriff auf die christlich-biblische Tradition Konkretisierungen, aber auch Problematisierungen zu eröffnen. Es geht konkret um die Notwendigkeit der Aufarbeitung von Material, das auf die Fragen der Kinder und Jugendlichen so antwortet, dass deren Fragen ausdifferenziert und ihnen gegenüber Antworten angedeutet werden können.

Die systematisch-theologische Tradition erlaubt nicht nur ihrerseits die Ausdifferenzierung von Grundfragen der Schüler*innen. Sie zeigt auch Alternativen auf, die perspektivisch weiterführen. Hier wurde vorgeschlagen, die Einzelfallanalysen noch einmal in fokussierter Weise einem Umgang mit religiöser Rede in Hinblick auf spezifische Traditionen auszusetzen. Möglichkeiten und Grenzen der Applikationen auf das

---

[340] Vorbereitende Hinweise dazu finden sich in Kap. 4.1. und 4.2.
[341] Erst diese Beobachterrolle dürfte es ermöglichen, einmal entdeckte Lösungen in Frage zu stellen. Vgl. Kap. 1.3.5.3.

Alltagsleben, das die Schüler*innen mit ihrem Nachdenken durchdringen, sind auszuloten und ggf. auszuhandeln.

5.4. Forschendes Lernen und Theologisieren

Die Auseinandersetzung mit empirischem Material ist für angehende Lehrkräfte von großer Bedeutung. In diesem Fall ließ sich exemplarisch der Nachweis führen, dass die Schüler*innen als selbstständige kleine Theologen zu betrachten sind.[342] Passfähige Konzepte von Expert*innen können nur entwickelt bzw. ins Spiel gebracht werden, wenn bekannt ist, welche Problemstellungen sich aus der Aufnahme von Tradition ergeben, welche nicht oder unverstanden bleiben und wo sich auch persönliche Kritik zu äußern scheint.

Das forschende Lernen steht – obschon überall von den Verfügungen zum Praxissemester vorgeschrieben – in der Kritik. Lehrkräfte stehen qualitativen Methoden teilweise kritisch gegenüber und bei den Praxissemesterstudierenden herrscht, sofern sie nicht schon ohnehin skeptisch sind, tiefe Unsicherheit, wenn nicht Ratlosigkeit hinsichtlich möglicher Vorgehensweisen.[343]

Das forschende Lernen ist aber – und dies zeigt auch unsere Studie – insofern von Bedeutung, als es (angehende) Lehrkräfte instand setzt, dem eigenen Handeln gegenüber forschend zu begegnen. Die Bedeutung empirischer Methoden erweist sich insbesondere in ihren Analysepotentialen für die Verbesserung und didaktische Grundlegung von Unterricht als zentral. Sie ermöglicht, Abweichungen, Probleme und Schwierigkeiten in den Blick zu bekommen und sie – wie etwa im Falle der Bruchbildzeichner*innen – produktiv einzusetzen. Langfristig sind Gelegenheiten für die Ausbildung professioneller Strategien im Studium zu eröffnen.

---

[342] Dies gilt auch vor dem Hintergrund, dass nicht die gesamten Lerngruppen betrachtet wurden, sondern ein spezifisches Sample ausgewählt worden war.
[343] Klewin/Koch 2017, 64 f.

177

5.5. Ausblicke – Perspektiven [344]

Der Versuch, über die Analyse von Haltungen zugrunde liegende Fragen der Schüler*innen aufzudecken, hat sich zumindest für die Bruchbildzeichner*innen bewährt. Während die Lösungen nicht selten existentielle implizite Zustimmungen zum christlichen Gottesbild aufscheinen ließen, zeigen die ihnen zugrunde liegenden Fragen an, auf welchem Niveau sich die Gedanken der Schüler*innen bewegen. Die Bruchbildzeichner*innen stellen Fragen, die als altersentsprechend ausgewiesen werden können und im Unterschied zu früheren Untersuchungen[345] an Problemstellungen anknüpfen, die von Nipkow bereits in den 1980er Jahren erstmals beschrieben worden sind.[346]

Die Theodizeefrage spielt offensichtlich immer noch eine Rolle.[347] Es scheint aber, dass sie bereits von den Schüler*innen selbst in einen anderen Zustand überführt worden ist. Sie erweist sich nicht länger als ein Hindernis, das der Auseinandersetzung mit dem christlichen Glauben entgegensteht. Es handelt sich vielmehr um ein Problem, das selbsttätig zu lösen ist, bevor eine Befassung mit Glauben möglich wird.

Unterricht und religiöse Bildung müssen nicht länger explizit zeigen, inwiefern sich christliches Glaubensverständnis und Anfragen, die von außen kommen, auf das Denkgebäude des christlichen Glaubens beziehen. Die eigene Situation bzw. die eigene Lebenserfahrung bringen Fragen hervor, auf die Antworten gefunden werden müssen, bevor die eigene Vorstellung in einen Austausch mit anderen Positionen treten kann. Dass diese Vorstellungen von älteren Schüler*innen explizit als eigenes Unvermögen angesprochen werden, ändert wenig an dem methodisch kotrolliert nachweisbaren Befund, dass die Schüler*innen über eine konstruktive Beziehung zu den von ihnen explizit genannten Aspekten und Elementen verfügen.

---

[344] Das eingangs erwähnte Zitat von Paul Klee hat die Aufgabe, herauszustellen, dass die Kinder und Jugendlichen in ihren künstlerischen Darstellungen ihre Vorstellungen von Gott für die Forschenden sichtbar gemacht haben.
[345] Ritter/Gramzow/ Hanisch/Nestler 2006. Wenn Gennerich die Theodizeefrage nicht problematisiert, so scheint dies möglicherweise an der Übernahme einer entsprechenden Perspektive zu liegen. Vgl. Gennerich 2010.
[346] Nipkow 1987; Nipkow 2010.
[347] Vgl. auch Simojoki 2009.

Dass die systematische Theologie dabei eine neue Rolle erhält, dürfte die notwendige Folge einer konsequenten Frage nach der Weiterentwicklung von Theologisieren im Sinne der spezifischen doppelten Hermeneutik sein. Sie stellt nicht nur verschiedene Denkmodelle zur Verfügung, sondern erschließt auch dort, wo sie sich ihres eigenen Ansatzes versichert, auf religionsphilosophische Weise das Fragen der Schüler*innen.[348] Diese Beobachtung dürfte in langfristiger Perspektive für die religionsdidaktische Entwicklungsforschung interessant werden.[349]

Es ist zu überlegen, welche Formen didaktischer Strukturen der Ansatz nach sich zieht. Dass eine Didaktik des Perspektivenwechsels dafür nicht hinreicht, dürfte aus dem Zusammenspiel der Positionen, d.h. den Fragen und Antworten von Laien und Experten deutlich geworden sein.

Aus diesem Grund spricht Einiges dafür, jene „doppelte Hermeneutik"[350] heranzuziehen, die eine religiöse Sensibilisierung der angehenden Lehrkräfte zur Voraussetzung des Umgangs mit Schüler*innen macht. Der doppelten religionspädagogischen Hermeneutik wird künftig verstärkt nachzugehen sein.

Dass ein anderer, jener ursprüngliche Perspektivenwechsel der EKD nicht ohne Auswirkungen für religionspädagogische Forschungen geblieben ist, dürfte auch diese Studie zeigen. Die Einnahme einer sach- und sinnbezogenen Perspektive ist mindestens genauso zentral wie die langfristige Weitererforschung von deren subjektorientierten Auswirkungen. Dies allerdings wird Angelegenheit des weiteren Diskurses der religionspädagogischen Community sein.

---

[348] Kategorial scheint es sich so zu verhalten, dass Härle tendenziell dem Typ eines sich entwickelnden Unterrichtsgesprächs entspricht, während Wittekind eine zirkulär-spiralförmige Struktur repräsentiert.
[349] Gärtner 2018.
[350] Thanner/Tonnier 2015, 19.

6. Literaturverzeichnis

Bauke-Ruegg, Jan, Die Allmacht Gottes. Systematisch-theologische Erwägungen zwischen Metaphysik, Postmoderne und Poesie, Berlin/ New York 1998.

Benesch, Thomas, Wie sieht das Gottesbild von Kindern aus? In: Theoweb Zeitschrift für Religionspädagogik 10.2/2011, S. 302–323.

Bohnsack, Ralf, Einleitung: Die dokumentarische Methode und ihre Forschungspraxis, in: Bohnsack, Ralf/ Nentwig-Gesemann, Iris/ Nohl, Arnd-Michael (Hrsg.), Die dokumentarische Methode und ihre Forschungspraxis. Grundlagen qualitativer Sozialforschung, Wiesbaden 2013, S. 9–32.

Bohnsack, Ralf, Die dokumentarische Methode in der Bild- und Fotointerpretation, in: Bohnsack, Ralf/ Nentwig-Gesemann, Iris/ Nohl, Arnd-Michael (Hrsg.), Die dokumentarische Methode und ihre Forschungspraxis. Grundlagen qualitativer Sozialforschung, Wiesbaden 2013, S. 75–98.

Bohnsack, Ralf, Typenbildung, Generalisierung und komparative Analyse: Grundprinzipien der dokumentarischen Methode, in: Bohnsack, Ralf/ Nentwig-Gesemann, Iris/ Nohl, Arnd-Michael (Hrsg.), Die dokumentarische Methode und ihre Forschungspraxis. Grundlagen qualitativer Sozialforschung, Wiesbaden 2013, S. 241–270.

Bohnsack, Ralf, „Heidi": Eine exemplarische Bildinterpretation auf der Basis der dokumentarischen Methode, in: Bohnsack, Ralf/ Nentwig-Gesemann, Iris/ Nohl, Arnd Michael (Hrsg.), Die dokumentarische Methode und ihre Forschungspraxis. Grundlagen qualitativer Sozialforschung, Wiesbaden 2013, S. 347–361.

Bohnsack, Ralf, Qualitative Bild- und Videointerpretation. Die dokumentarische Methode, Opladen 2011.

Bohnsack, Ralf, Rekonstruktive Sozialforschung. Einführung in qualitative Methoden, Opladen 2014.

Brieden, Norbert/ Heidemann, Astrid/ Roose, Hanna, Auferstehung der Toten, WiReLex 2016.

Bucher, Anton A., Alter Gott zu neuen Kindern? Neuer Gott von alten Kindern? Was sich 343 Kinder unter Gott vorstellen, in: Merz, Vreni

(Hrsg.), Alter Gott für neue Kinder? Das traditionelle Gottesbild und
die nachwachsende Generation, Freiburg 1994, S. 79–100.

Bucher, Anton A., Kinder als Theologen?, in: Zeitschrift für Religionsunterricht und Lebenskunde 20, 1/1992, 1, S. 19–22.

Büttner, Gerhard, Kindertheologie-beobachtet. Dekonstruktive Ansichten, in: TheoWeb. Zeitschrift für Religionspädagogik 6.1/2007, S. 2–
11.

Büttner, Gerhard/ Dieterich, Veit-Jakobus, Entwicklungspsychologie in
der Religionspädagogik. Göttingen 2013, S. 54–68.

Canterbury, Anselm, Proslogion, Kann Gottes Nicht-Sein gedacht werden? Die Kontroverse zwischen Anselm von Canterbury und Gaunilo
von Marmoutiers. Lateinisch-Deutsch, Mainz 1989, S. 50–59.

Danz, Christian, Gottes Geist, Tübingen 2019.

Danz, Christian, Systematische Theologie, Tübingen 2016.

Dieterich, Veit-Jakobus, Theologisieren mit Jugendlichen, in: Bucher,
Anton A./ Büttner, Gerhard/ Freudenberger-Lötz, Petra/ Schreiner,
Martin (Hrsg.), „Man kann Gott alles erzählen, auch kleine Geheim-
nisse. Kinder erfahren und gestalten Spiritualität, Stuttgart 2007 (Jabuki
6), S. 121–137.

Dressler, Bernhard, Unterscheidungen, Leipzig ²2019.

Fischer, Dietlind/ Schöll, Albrecht, Lebenspraxis und Religion. Fallan-
alysen zur subjektiven Religiosität von Jugendlichen, Gütersloh 1994.

Freudenberger-Lötz, Petra, Braucht der Religionsunterricht Jugendtheologie? Ein Beitrag aus der Perspektive jugendtheologischer Forschung in Kassel, in: Schlag, Thomas/ Schweitzer, Friedrich (Hrsg.),
Jugendtheologie. Grundlagen – Beispiele – kritische Diskussion, Neukirchen-Vluyn 2012, S. 118–129.

Freudenberger-Lötz, Petra, Rez.: Maull, Ibtissame Yasmine, Gottesbilder und Gottesvorstellungen vom Kindes- zum Jugendalter. Eine quali-
tativ-em-pirische Längsschnittuntersuchung. Göttingen 2017, in: ThLZ
2017, S. 689–691.

Freudenberger-Lötz, Petra, Schüler/in theologisch (Gottesverständnis),
in: Rothgangel, Martin/ Lachmann, Rainer (Hrsg.), Religionspädagogi-
sches Kompendium. Göttingen 2001, S. 1–13.

Freudenberger-Lötz, Petra, Theologische Gespräche mit Jugendlichen. Erfahrungen – Beispiele – Anleitungen. Ein Werkstattbuch für die Sekundarstufe, Stuttgart 2012.

Freudenberger-Lötz, Petra, Theologische Gespräche mit Kindern. Untersuchungen zur Professionalisierung Studierender und Anstöße zu forschendem Lernen im Religionsunterricht, Stuttgart 2007.

Freudenberger-Lötz, Petra/ Reiß, Annike, Kognitive Aktivierung im theologischen Gespräch mit Jugendlichen, in: Feindt, Andreas/Elsenbast, Volker/ Schreiner, Peter/ Schöll, Albrecht (Hrsg.), Kompetenzorientierung im Religionsunterricht. Befunde und Perspektiven, Münster/New York/München/Berlin 2009, S. 247–262.

Gärtner, Claudia (Hrsg.), Religionsdidaktische Entwicklungsforschung. Lehr-Lernprozesse im Religionsunterricht initiieren und erforschen, Stuttgart 2018.

Gennerich, Carsten, Empirische Dogmatik des Jugendalters. Werte und Einstellungen Heranwachsender als Bezugsgrößen für religionsdidaktische Reflexionen, Stuttgart 2010.

Hanisch, Helmut, Die zeichnerische Entwicklung des Gottesbildes bei Kindern und Jugendlichen. Eine empirische Vergleichsuntersuchung mit religiös und nicht-religiös Erzogenen im Alter von 7–16 Jahren. Stuttgart/Leipzig 1996.

Härle, Wilfried, Dogmatik, Berlin/New York [5]2018

Härle, Wilfried, Was haben Kinder in der Theologie verloren? Systematisch-theologische Überlegungen zum Projekt einer Kindertheologie, in: Bucher, Anton (Hrsg.), „Zeit ist immer da". Wie Kinder Hoch-Zeiten und Festtag erleben, Stuttgart 2004 (Jabuki 3), S. 11–27.

Harms, Ernest, The Development of Religious Experience in Children, in: American Journal of Sociology 50/1944, S. 112–122.

Hecht, Christian: Katholische Bildertheologie der frühen Neuzeit. Studien zu Traktaten von Johannes Molanus, Gabriele Paleotti und anderen Autoren, Berlin 2012.

Hoeps, Reinhard, Handbuch der Bildtheologie Band III. Zwischen Zeichen und Präsenz, Paderborn 2014.

Imdahl, Max, Giotto. Arenafresken, München 1996.

Janowski, Bernd, Ein Gott der straft und tötet? – Zwölf Fragen zum Gottesbild des Alten Testamentes, Neukirchen-Vluyn 2013, S. 145–175.

Jüngel, Eberhard, Gott als Geheimnis der Welt. Zur Begründung der Theologie des Gekreuzigten im Streit zwischen Theismus und Atheismus, Tübingen [7]2001.

Kaloudis, Anke, „Auf der Grenze" - Religionsdidaktik in religionsphilosophischer Perspektive. Unterrichtspraktische Überlegungen zur Anthropologie in der gymnasialen Oberstufe mit Paul Tillich, Kassel 2012 (Beiträge zur Kinder- und Jugendtheologie 19).

Klein, Stephanie, Gottesbilder von Mädchen. Bilder und Gespräche als Zugänge zur kindlichen religiösen Vorstellungswelt, Stuttgart 2000.

Klewin, Gabriele/ Koch, Barbara, Forschendes Lernen ohne forschende Lehrkräfte? In: Die Deutsche Schule 109.1./ 2017, S. 58–69.

Kromrey, Helmut/ Roose, Jochen, Empirische Sozialforschung. Modelle und Methoden der standardisierten Datenerhebung und Datenauswertung mit Annotationen aus qualitativ-interpretativer Perspektive. Konstanz und München 2016, S. 502–509.

Mannheim, Karl, Beiträge zur Theorie der Weltanschauungs-Interpretation, in: Strübing, Jörg/ Schnettler, Bernt (Hrsg.), Methodologie interpretativer Sozialforschung. Klassische Grundlagentexte, Konstanz 2004, S. 101–153.

Maull, Ibtissame Yasmine, Gottesbilder und Gottesvorstellungen vom Kindes- zum Jugendalter. Eine qualitativ-empirische Längsschnittuntersuchung, Göttingen 2017.

Martens, Matthias/ Gresch, Helge, Ambivalente Fachlichkeiten. Die (Re)Produktion fachlicher Vorstellungen im Biologieunterricht, in: Martens, Matthias/ Rabenstein, Kerstin/ Bräu, Karin/ Fetzer, Marei/ Gresch, Helge/ Hardy, Ilonca/ Schelle, Carla (Hrsg.), Konstruktionen von Fachlichkeit. Ansätze, Erträge und Diskussionen in der empirischen Unterrichtsforschung, Bad Heilbrunn 2018, S. 275–288.

Möller, Karina, Persönliche Gotteserfahrungen von Oberstufenschüler/innen aus jugendtheologischer Perspektive, Kassel 2015 (Beiträge zur Kinder- und Jugendtheologie 34).

Möller, Karina, Persönliche Gottesvorstellungen junger Erwachsener. Empirische Erkundungen in der Sekundarstufe II im Großraum Kassel, Kassel 2010 (Beiträge zur Kinder und Jugendtheologie Band 4).

Nipkow, Karl Ernst, Erwachsenwerden ohne Gott? Gotteserfahrung im Lebenslauf, Gütersloh 1987.

Nipkow, Karl Ernst, Gott in Bedrängnis? Zur Zukunftsfähigkeit von Religionsunterricht, Schule und Kirche, Gütersloh 2010.

Nohl, Arnd-Michael, Forschungspraxis und Methodologie dokumentarischer Interpretation, in: Bohnsack, Ralf/ Nentwig-Gesemann, Iris/ Nohl, Arnd-Michael (Hrsg.), Die dokumentarische Methode und ihre Forschungspraxis. Grundlagen qualitativer Sozialforschung, Wiesbaden 2013, S. 271–293.

Nohl, Arnd-Michael, Interview und Dokumentarische Methode. Anleitungen für die Forschungspraxis, Wiesbaden 2017.

Oser, Fritz/ Bucher, Anton, Religiosität, Religionen und Glaubens- und Wertegemeinschaften, in: Oerter, Rolf/ Montada, Leo (Hrsg.), Entwicklungspsychologie. Berlin 2002. S. 940–953.

Oser, Fritz/ Gmünder, Paul, Der Mensch. Stufen seiner religiösen Entwicklung. Gütersloh 1996. S. 75–93.

Panofsky, Erwin, Ikonographie und Ikonologie. In: Kaemmerling, Ekkehard (Hrsg.), Bildende Kunst als Zeichensystem. Ikonographie und Ikonologie. Band 1: Theorien – Entwicklung – Probleme. Köln 1994, S. 207–225.

Preul, Reiner, Kirche als Bildungsinstitution, in: Schweitzer, Friedrich (Hrsg.), Der Bildungsauftrag des Protestantismus, Gütersloh 2002.

Przyborski, Aglaja, Bildkommunikation. Qualitative Bild- und Medienforschung, Berlin/Boston 2018.

Przyborski, Aglaja/ Wohlrab-Sahr, Monika, Qualitative Sozialforschung. Ein Arbeitsbuch, München 2014.

Reiß, Annike/ Freudenberger-Lötz, Petra, Didaktik des Theologisierens mit Kindern und Jugendlichen, in: Grümme, Bernhard/ Lenhard, Hartmut/ Pirner, Manfred L. (Hrsg.), Religionsunterricht neu denken. Innovative Ansätze und Perspektiven der Religionsdidaktik, Stuttgart 2012, S. 133–145.

Riede, Peter Taube, BiWiLex, 2010.

Ritter, Werner H./ Gramzow, Christoph/ Hanisch, Helmut/ Nestler, Erich, Leid und Gott. Aus der Perspektive von Kindern und Jugendlichen, Göttingen 2006.

Rodegro, Meike, Urknall oder Schöpfung? Eine empirische Untersuchung im Religionsunterricht der Sekundarstufe II, Kassel 2009 (Beiträge zur Kinder und Jugendtheologie Bd. 5).

Roggenkamp, Antje, Forschendes Lernen als Sensibilisierung für den Umgang mit Artefakten im Religionsunterricht, in: Bücker, Nicola/ Roggenkamp, Antje/ Schreiner, Peter (Hrsg.), Empirische Methoden und Forschendes Lernen im Gespräch. Einblicke in heterogene Bildungsorte, S. 131–150.

Schiller, Gertrud, Ikonographie der christlichen Kunst. Bd. 2, Gütersloh 1983.

Schlag, Thomas/ Schweitzer, Friedrich, Brauchen Jugendliche Theologie? Jugendtheologie als Herausforderung und didaktische Perspektive, Neukirchen 2011.

Schweitzer, Friedrich, Was ist und wozu Kindertheologie? in: Bucher, Anton A. u.a. (Hrsg.), „Im Himmelreich ist keiner sauer". Kinder als Exegeten, Stuttgart 2003 (Jabuki 2), S. 9–18.

Siegenthaler, Hermann, Die Entwicklung des Gottesbildes bei Kindern und Jugendlichen, in: Entwurf 3/ 1980, S. 3–10.

Simojoki, Henrik, Ist die Theodizeefrage heute noch eine „Einbruchstelle" für den Verlust des Gottesglaubens im Jugendalter? In: Jahrbuch für Religionspädagogik 25/2009, S. 63–72.

Simojoki, Henrik, Theologische Bildung und Sprachfähigkeit. Systematische und historische Annäherungen an ein Problembündel, in: Schlag, Thomas/ Suhner, Jasmin (Hrsg.), Theologie als Herausforderung religiöser Bildung. Bildungstheoretische Orientierungen zur Theologizität der Religionspädagogik, Stuttgart 2017, S. 57–68

Spenn, Matthias/ Brandt, Rainer/ Corsa, Mike (Hrsg.), Evangelische Kinder- und Jugendarbeit im Perspektivenwechsel. Aufwachsen in schwieriger Zeit – Kinder in Kirche und Gesellschaft" Entwicklungen seit der EKD-Synode 1994 in Halle/Saale, Münster 2005.

Steck, Klaus, Alltagsdogmatik. Ein unvollendetes Projekt, in: Praktische Theologie 94/2005, S. 287–305.

Synode der Evangelischen Kirche in Deutschland, Aufwachsen in schwieriger Zeit. Kinder in Gemeinde und Gesellschaft. Gütersloh 1995, S. 70–75.

Thanner, Tobias/ Tonnier, Christina, Interreligiöse Bildung in der Ausbildung von Erzieherinnen und Erziehern, in: Friedrich Schweitzer/ Albert Biesinger (Hrsg.), Kulturell und religiös sensibel? Interreligiöse und Interkulturelle Kompetenz in der Ausbildung für den Elementarbereich, Münster 2015, S. 17–50.

Ulfat, Fahima, Dokumentarische Methode, in: Pirner, Manfred/ Rothgangel, Martin (Hrsg.), Empirisch forschen in der Religionspädagogik. Ein Studienbuch für Studierende und Lehrkräfte, Stuttgart 2018, S. 147–166.

Weyel, Birgit, Den Sinn ausdrücklich machen. Skizzen zum unabschließbaren Projekt der Alltagsdogmatik, in: Korsch, Dietrich/ Charbonnier, Lars (Hrsg.), Der verborgene Sinn. Religiöse Dimensionen des Alltags, Göttingen 2008, S. 399–405.

Wittekind, Folkart, Theologie religiöser Rede, Tübingen 2018.

Zimmermann, Mirjam, Kindertheologie als theologische Kompetenz von Kindern. Grundlagen, Methodik und Ziel kindertheologischer Forschung am Beispiel der Deutung des Todes Jesu, Neukirchen ²2012.

Internetquellen

http://zitate.woxikon.de/autoren/paul-klee [Abruf: 17.09.2018].

http://www.altertuemliches.at/termine/ausstellung/picasso-frieden-und-freiheit [Abruf: 08.06.2019].

http://roland-sinsel.de/prof-hans-kueng/heiliger-geist-kirche-gemeinschaft-der-heiligen/index.html [Abruf: 19.07.2019].

https://web.archive.org/web/20070403033153/http://www.batcave.stopklatka.pl/grafa/batman/gotham.jpg [Abruf: 28.10.2019].

7. Abbildungsverzeichnis

Nachwort

Die Studie *Theologisieren mit eigenen Gottesbildern. Brüche und Spannungen in Gottesdarstellungen von Kindern und Jugendlichen* verdankt sich ursprünglich der Frage, wie man herausfinden kann, was die eigenen Schüler*innen über Gott denken. Dabei legte sich von vornherein eine Verknüpfung mit Prozessen des Theologisierens nahe.

Die Frage, wie man in das Theologisieren sinnvoll hinein kommt, hatte die Autor*innen bereits vor Beginn der Studie beschäftigt. Wir orientierten uns ein ganzes Semester lang an verschiedenen Artefakten aus den Museen dieser Welt, suchten sie aus biblischen sowie systematisch-theologischen Perspektiven aufzuschließen und entdeckten verborgene Ebenen des Theologisierens. Sie sind hier im Anschluss an die empirisch-qualitative Analyse in den religionspädagogischen Folgerungen fruchtbar gemacht.

Dass man die Richtung dieser Art des Theologisierens auch verändern bzw. mit Blick auf Artefakte wechseln kann, darauf insistierte Verena Hartung. Sie erreichte, dass wir uns zu Beginn der gemeinsamen Forschungen, die für sie mit der Masterarbeit abschlossen, den Gottesbildern von Schüler*innen zuwandten. Das Ergebnis unserer Untersuchungen zeichnet sich insofern ein in einen langen Prozess. Seine Dynamik bezog er aus dem beständigen Fragen danach, was eigentlich Gegenstand einer Erforschung von Gottesbildern ist.

Was uns beim gemeinsamen Nachdenken besonders interessierte, war die Frage, wie man ein Theologisieren so organisiert, dass sich Schüler*innen auf eigene oder ihnen fremd gewordene Traditionen einlassen. Gerade die Bruchbildzeichner*innen haben uns mit ihren überwiegend impliziten Fragen die Augen geöffnet. Man kann auch mit Kindern und Jugendlichen über Antworten von theologischen Expert*innen nachdenken. Sie müssen zuvor allerdings Gelegenheit haben, selbst ausgiebig zur Sprache zu kommen.

Das Buch kann aus Interesse an den irritierenden Gottesbildern gelesen werden. Es ist aber auch möglich, eine gewisse theologische (Selbst-)Sensibilisierung voranzutreiben, insofern man sich auf verschiedene alternative Positionen einlässt. Dass sich angehende und aktive Lehrkräfte durch unsere Überlegungen in Fragen des Theologisierens involvieren lassen, hoffen wir mit unserer Studie zu erreichen.

Für den Forschungsstand, die Darstellung der dokumentarischen Methode (Kap. 2) sowie die Bild-Interpretationen (Kap. 3) zeichnet Verena M. Hartung verantwortlich, für die Mehrzahl der Text-Interpretationen (Kap. 3), die Überlegungen zur im- und expliziten Theologie (Kap. 4) sowie die religionspädagogischen Anwendungen (Kap. 5) Antje Roggenkamp. Die Einleitung (Kap. 1) haben wir gemeinsam verfasst.

Wir haben zu danken: Den Schüler*innen, die sich auf unser Projekt einließen, ebenso den Lehrkräften und der Schulleitung einer Realschule im Münsterland, deren Namen wir aus Datenschutzgründen nicht verraten dürfen.

Frau Karin Scheimann, die dies Buch auf zuverlässige Weise für den Druck vorbereitete, Frau Katharina Biermann und Frau Sarah Devenish, die sich mit uns gemeinsam den Mühen des Korrekturlesens unterzogen. Frau Vanessa Möbes, Frau Katharina Biermann und Frau Sarah Emrich für die Bildbearbeitungen, insbesondere Frau Vanessa Möbes auch für die Gestaltung des Buchcovers.

Dem Kollegen, Prof. Dr. Traugott Roser, der uns als Gutachter nahelegte, empirische Ergebnisse und theoretische Überlegungen zu veröffentlichen. Dem Verleger, Herrn Dr. Rainer, der uns ermunterte, das Wagnis einer gemeinsamen Produktion einzugehen. Den Mitherausgeberinnen, Frau Prof. Dr. Britta Konz (Dortmund) und Frau Prof. Dr. Hanna Roose (Bochum), die uns mannigfache Anregungen zuteil werden ließen.

Der Evangelischen Kirche in Deutschland (EKD), die uns mit einem namhaften Zuschuss zu den Druckkosten unterstützt.

Es ist erklärtes Ziel moderner Hochschuldidaktik, Studierende zu motivieren, ihren eigenen Weg zu gehen. Wenn das Ringen um Erkenntnisse Forschungsperspektiven verändern kann, dann ist dies mehr als „nur" ein Ergebnis gemeinsamer Anstrengungen. Ein herzlicher Dank gebührt zum Schluss all jenen, die sich mit Lust und Engagement in die Diskussion um diese Studie in der praktisch-theologischen Forscherwerkstatt in Münster eingebracht haben.

Münster, 1.12.2019   Antje Roggenkamp/Verena M. Hartung

Bibel – Schule – Leben

Prof. Dr. Britta Konz (Dortmund), Prof. Dr. Antje Roggenkamp (Münster) und Prof. Dr. Hanna Roose (Bochum)
Gegründet von Prof. Dr. Herbert Ulonska, Dr. Anke Pfeifer und Prof. Dr. Dr. Herbert Stettberger

Sarah von Deylen
Genderorientierte Bibeldidaktik auf der Basis paulinischer Geschlechterkonstruktionen
Das Buch nähert sich mit der spätmodernen Gender-Kategorie den antiken paulinischen Geschlechterkonstruktionen und verbindet beides zu bibeldidaktischen Konkretionen, die Vorschläge für eine bibeldidaktische Berücksichtigung paulinischer Ausführungen zu „Geschlecht" entwerfen. Aufbauend auf einer dekonstruktiv orientierten exegetischen Analyse ausgewählter paulinischer Texte anhand der Leitfrage, *wie* „Geschlecht" in den paulinischen Briefen jeweils konstruiert wird, geht das Buch der Frage nach, wie paulinische Geschlechterkonstruktionen in der Spätmoderne bibeldidaktisch in den Handlungsfeldern Schule und Erwachsenenbildung berücksichtigt werden können.
Bd. 10, 2019, 314 S., 29,90 €, br., ISBN 978-3-643-14247-4

Herbert Stettberger
Empathische Bibeldidaktik
Eine interdisziplinäre Studie zum perspektiveninduzierten Lernen mit und von der Bibel
Beim Lernen mit der Bibel findet stets auch ein Lernen von der Bibel statt. Biblische Erzählungen führen in unterschiedliche Perspektiven ein, konstituieren Identifikationsfiguren und unterstützen so die Identitätskonstruktionen ihrer LeserInnen. Ziel einer empathischen Bibeldidaktik ist es, insbesondere Kommunikations- sowie Teil-Identifikationsprozesse von der Bibel her transparent und artikulierte Glaubens- und Lebenserfahrungen nachvollziehbar werden zu lassen, um schließlich ein empathisches Verstehen, d.h. ein Lernen mit- und voneinander, anzubahnen.
Bd. 9, 2012, 656 S., 74,90 €, br., ISBN 978-3-643-11872-1

Reinhard Göllner; Norbert Brieden; Christina Kalloch
Emmaus: Auferstehung heute eröffnen
Elementarisierung – Kompetenzorientierung – Kindertheologie
Bd. 8, 2010, 312 S., 24,90 €, br., ISBN 978-3-643-10837-1

Katrin Melcher
Kindern biblische Geschichten erzählen
Neue Grundsätze für den Religionsunterricht der Grundschule
Bd. 7, 2007, 392 S., 39,90 €, br., ISBN 978-3-8258-1092-4

Herbert Stettberger (Hg.)
Was die Bibel mir erzählt
Aktuelle exegetische und religionsdidaktische Streiflichter auf ausgewählte Bibeltexte.
Festschrift für Prof. Dr. Franz Laub
Bd. 6, 2005, 216 S., 19,90 €, br., ISBN 3-8258-8694-8

Sascha Hölken
„... und er brachte uns die neue Zeit"
Jesus von Nazareth und die Stigmatisierten seiner Zeit. Mit einem Geleitwort von Emer. Prof. Dr. H. Ulonska
Bd. 5, 2004, 128 S., 14,90 €, br., ISBN 3-8258-8223-3

Jutta Siemann
Theorie und Praxis Biblischer Didaktik
Bd. 4, 2003, 144 S., 17,90 €, br., ISBN 3-8258-6503-7

Norbert Scholl
Mein Bruder Jeshua
Erinnerungen des Jakobus an die Zeit in Galiläa und Jerusalem
Bd. 2, 2000, 224 S., 15,90 €, br., ISBN 3-8258-4946-5

LIT Verlag Berlin – Münster – Wien – Zürich – London
Auslieferung Deutschland / Österreich / Schweiz: siehe Impressumsseite

Empirische Theologie/Empirical Theology
Prof. Dr. Dr. Hans-Georg Ziebertz (Würzburg), Univ.-Prof. Dr. Anton A. Bucher
(Salzburg), Prof. Dr. Chris Hermans (Nijmegen) und Prof. Dr. Ulrich Riegel (Siegen)

Eva Leven
Professionalität von Religionslehrkräften
Eine explorative Studie zur Rekonstruktion fachspezifischen Professionswissens sowie
handlungsbezogener und reflexiver Kompetenzen von Religionslehrkräften
In Schule und Unterricht gelten Lehrkräfte als diejenigen, die wissen, was zu tun ist, um Lernen gelingen zu lassen. Sie sind die Professionellen im Klassenzimmer. Was es genau bedeutet, als Religi-
onslehrkraft professionell zu handeln, ist Thema des Buches von Eva-Maria Leven. Im Rahmen einer
qualitativen Studie erforscht sie explorativ, wie das Professionswissen von Religionslehrkräften be-
schaffen ist und setzt sich dabei mit den aus den Bildungswissenschaften und anderen Fachdidaktiken
bekannten Modellierungen auseinander. Die Arbeit will demnach auch einen Beitrag zum interdis-
ziplinären Austausch leisten. Am Beispiel des „Umgangs mit (christologischen) Wahrheitsfragen"
rekonstruiert sie außerdem, wie Religionslehrkräfte im Unterricht tatsächlich agieren und wie sie ihre
Arbeit reflektieren. Sie zeigt folglich, wie fachspezifische Professionalität entlang der Dimensionen
Wissen, Können und Reflexion empirisch fundiert modelliert werden kann.
Bd. 33, 2019, 518 S., 49,90 €, br., ISBN 978-3-643-14266-5

Alexander Unser
Social inequality and interreligious learning
An empirical analysis of students' agency to cope with interreligious learning tasks
Bd. 32, 2019, 370 S., 39,90 €, br., ISBN 978-3-643-91064-6

Dieter Praas
Zusammen sind wir ganz bunt und eigentlich ganz stark!
Narrative Identitätsentwicklung in fusionierten Pfarreien
Bd. 31, 2018, 404 S., 39,90 €, br., ISBN 978-3-643-14026-5

Andrea Betz
Interreligiöse Bildung und Vorurteile
Eine empirische Studie über Einstellungen zu religiöser Differenz
Bd. 30, 2017, 320 S., 39,90 €, br., ISBN 978-3-643-13901-6

Alina Bloch
Interreligiöses Lernen in der universitären Religionslehrerausbildung
Eine qualitative Studie zum studentischen Umgang mit der Wahrheitsfrage der Religionen
Bd. 29, 2018, 356 S., 39,90 €, br., ISBN 978-3-643-13890-3

Claudia Gärtner; Natascha Bettin (Hg.)
Interreligiöses Lernen an außerschulischen Lernorten
Empirische Erkundungen zu didaktisch inszenierten Begegnungen mit dem Judentum
Bd. 28, 2016, 200 S., 29,90 €, br., ISBN 978-3-643-13221-5

Tobias Faix; Ulrich Riegel; Tobias Künkler (Hg.)
Theologien von Jugendlichen
Empirische Erkundungen zu theologisch relevanten Konstruktionen Jugendlicher
Forschungen zu Theologien von Jugendlichen gehen der Frage nach, was und wie Jugendliche glauben. Ansatzpunkte dafür sind sowohl individuelle Sinnkonstruktionen Jugendlicher als auch Einstellungen Jugendlicher zu etablierten theologischen Konzepten. Der vorliegende Band geht diesen
Fragen nach und zieht eine Zwischenbilanz vorliegender empirischer Untersuchungen zur Jugendtheologie. Neben einem Überblick über den aktuellen Stand der jugendtheologischen Diskussion und
bilanzierenden Artikeln, werten verschiedene Beiträge empirische Befunde zu unterschiedlichen thematischen Aspekten (Endzeitvorstellungen, Bioethik, Sonntagskulturen etc.) aus und machen diese
für den jugendtheoretischen Diskurs fruchtbar.
Bd. 27, 2015, 250 S., 29,90 €, br., ISBN 978-3-643-13052-5

LIT Verlag Berlin – Münster – Wien – Zürich – London
Auslieferung Deutschland / Österreich / Schweiz: siehe Impressumsseite

Schriften aus dem Comenius-Institut
Peter Schreiner

Als erziehungswissenschaftliches Forschungs- und Entwicklungsinstitut hat das Comenius-Institut die Förderung von theoretischen Erkenntnissen und praktischen Löungen gegenwärtiger Bildungs- und Erziehungsprobleme aus evangelischer Verantwortung zur Aufgabe.

Nicola Bücker; Antje Roggenkamp; Peter Schreiner (Hg.)
Empirische Methoden und Forschendes Lernen im Gespräch
Einblick in heterogene Bildungsorte
Forschendes Lernen verändert nicht nur die Ausbildung der Lehrkräfte, sondern auch den Umgang mit empirischer Forschung im schulischen und universitären Kontext. Angehende (Religions-)Lehrkräfte sind gehalten, bereits im Studium eine forschende Haltung zu entwickeln. In vorliegendem Band fragen Religionspädagoginnen und Religionspädagogen sowie Wissenschaftlerinnen und Wissenschaftler anderer Disziplinen aus dem In- und Ausland nach weitergehenden Perspektiven, die sich aus diesem Zusammenspiel von empirischen Methoden und Forschendem Lernen an den Bildungsorten Schule, Hochschule und Kirchengemeinde ergeben.
Bd. 22, 2018, 266 S., 29,90 €, br., ISBN 978-3-643-13934-4

LIT Verlag Berlin – Münster – Wien – Zürich – London
Auslieferung Deutschland / Österreich / Schweiz: siehe Impressumsseite

Religionsdidaktik konkret

Prof. Dr. Hans Mendl (Universität Passau) und Prof. Dr. Clauß Peter Sajak (Universität Münster)

Daniel Grassert
Interreligiöses Lernen an der Realschule
Chancen – Grenzen – Perspektiven
Das interreligiöse Lernen ist eine der zentralen Aufgaben der Schule im Allgemeinen und des katholischen Religionsunterrichts im Speziellen. In allen Schularten spielen interreligiöse Themengebiete im 21. Jahrhundert eine wichtige Rolle. In folgendem Band wird aufgezeigt, wie interreligiöses Lernen an der Realschule umgesetzt werden kann. Dafür werden die theologischen Voraussetzungen des interreligiösen Lernens benannt, die Schulart der Realschule charakterisiert und ihr Profil bestimmt, methodisch-didaktische Bedingungen erläutert sowie konkrete Modelle für den Unterricht vorgestellt.
Bd. 11, 2018, 298 S., 34,90 €, br., ISBN 978-3-643-14094-4

Carolin Grillhösl-Schrenk
Gott aus Fleisch und Blut?
Dimensionen der Menschlichkeit in der Gottesvorstellung von Kindern und Jugendlichen. Mit CD
Die Frage nach Gott spielt eine zentrale Rolle im Religionsunterricht. Kinder und Jugendliche sollen dort ermutigt werden, die großen Fragen des Lebens und in diesem Zusammenhang die Frage nach Gott zu stellen. Dass die Vorstellungen von Gott, die Kinder und Jugendliche in den Religionsunterricht einbringen, dabei eine entscheidende Rolle spielen, erscheint einleuchtend. Lange Zeit wurde im Anschluss an die Anthropomorphismushypothese von Jean Piaget nicht angezweifelt, dass Kindern ein Gottesbild zu eigen ist, das Gott als einen Menschen beschreibt. Welche Vorstellungen Kinder und Jugendliche vor allem in Bezug auf verschiedene Dimensionen der Menschlichkeit Gottes tatsächlich ausbilden und wie Forschung und Didaktik des Religionsunterrichts darauf reagieren sollten, ist das zentrale Thema der vorliegenden Arbeit.
Bd. 10, 2018, 256 S., 34,90 €, br., ISBN 978-3-643-13933-7

Miriam Sophia von Eiff
Star – Heiliger – Vorbild
Eine empirische Untersuchung zum Vorbildverständnis von Kindern im Grundschulater
„ein vorbild is, zu dem man aufsehen kann und sagen: SO will ich mal sein".
Besitzen Vorbilder für Kinder im Grundschulalter Relevanz? Welches Verständnis haben sie von einem Vorbild und wen würden sie als solches bezeichnen? Werden Lehrpersonen von Kindern dieser Altersstufe als Vorbild wahrgenommen? Welche Bedeutung haben Heilige bzw. biblische Personen als Vorbilder für Grundschülerinnen und -schüler? In dieser Untersuchung wird ein Einblick in die Vorbildwahl und das Verständnis von Vorbildern von Kindern im Grundschulalter gegeben und eine Didaktik der Thematisierung von Vorbildern im Religionsunterricht der Primarstufe entwickelt.
Bd. 9, 2017, 504 S., 54,90 €, br., ISBN 978-3-643-13893-4

Manuel Stinglhammer
Wer verknüpft, lernt!
Eine qualitativ-empirische Nahaufnahme religiöser Lernprozesse im Religionsunterricht am Beispiel der biblischen Perikope von Jakobs Kampf am Jabbok (Gen 32,23-33)
Was geschieht eigentlich in einer Religionsstunde? Dieser Frage geht diese Studie auf einer mikrostrukturellen Ebene nach, indem sie Unterrichtsaufzeichnungen aus unterschiedlichen Schularten sowie Schüler- und Lehrerinterviews empirisch auswertet. Ausgangspunkt ist die konkrete Praxis vor Ort: Wie lassen sich die religiösen Lernprozesse der Schülerinnen und Schüler beschreiben und qualitativ einordnen und welche Rolle spielt dabei die Lehrkraft? Dabei werden Stärken eines gegenwärtigen bibeldidaktischen Unterrichts sichtbar, aber auch Potenziale, die noch entfaltet werden könnten.
Bd. 8, 2017, 376 S., 34,90 €, br., ISBN 978-3-643-13827-9

LIT Verlag Berlin – Münster – Wien – Zürich – London
Auslieferung Deutschland / Österreich / Schweiz: siehe Impressumsseite